디파이와
금융의 미래

CAMPBELL R. **HARVEY**
ASHWIN **RAMACHANDRAN**
JOEY **SANTORO**

디파이와 금융의 미래

송교직 · 안성필 · 이동엽 역

DeFi AND THE Future *of* Finance

신영사

DeFi and the Future of Finance

by Campbell R. Harvey et al.

역자 서문

"미래는 아직 쓰이지 않았다"라는 말은 아마 디파이(DeFi)에 가장 잘 적용될 수 있을 것이다. 재무 · 금융 분야에서 디파이는 새로운 개척지이자 엄청난 금맥이 발견될 미지의 영역으로 다가왔으며 이는 역자들에게 또한 마찬가지였다.

이러한 디파이에 대한 홍분과 희망이 2022년 5월 테라 · 루나 사태와 같은 좌절과 실망으로 바뀌기도 하였다. 디파이에 대한 신뢰할 만한 서적이 부재하고 인터넷상으로 떠도는 정보들은 체계적이지 않으며 개발자의 관점에서 기술적인 측면을 강조한 내용들은 디파이에 대한 접근을 가로막는 커다란 장벽으로 작용하고 있다.

무엇보다도 금융의 관점에서 디파이에 대해 체계적이고 상세히 쓰인 참고서가 절실하였다. 재무 · 금융 분야 세계 최고의 학자인 Campbell Harvey(Duke대학 교수) 등이 저술한 『디파이와 금융의 미래』는 이러한 간절함에 대한 해답으로 다가왔으며 디파이에 대한 이해를 도와줄 권위 있는 입문서이다.

이 책은 디파이 및 관련 기술들의 최종 목적지가 어디인지를 명확히 가리키고 있으며, 이러한 혁신이 가져올 미래에 대한 청사진 또한 제시하고 있다. 단순한 서술적인 묘사에 그치는 것이 아니라 디파이를 구체적으로 실현시켜 나가는 사례와 로드맵을 보여줌으로써 디파이가 지향하는 금융의 민주화에 독자들이 동참하도록 이끌고 있다.

탈중앙화 금융으로 가는 길은 멀고도 험한 여정일 것이다. 지금 시점에서 적어도 수십 년, 아마 백 년이 더 걸릴 수도 있을 것이며, 그 와중에 수많은 시도와 시행착오를 겪을 것이다. 디파이에서 추구하는 금융의 민주화, 즉 누구든지 금융서비스에 대한 동등한 접근을 가능하게 한다는 것은 금융분야에서 마치 유토피아적인 이상향으로 들리며 공허하기까지 하다. 기존 금융권과 최상위 자산가들에게 과연 디파이가 매력적인 대안이 될 수 있을지는 여전히 의문이다. 암호화폐의 기술적 한계와 정부의 규제 그리고 기존 금융시스템의 견제를 이겨내고 디파이가 주류로 부상하는 것 또한 아직은 요원한 희망일 뿐이다. 이 책은 이러한 한계점과 비판에 대해서도 솔직히 기술하고 있으며, 디파이의 기회와 위기에 관한 균형 잡힌 시각은 이 분야를 처음 접하는 독자들에게 매우 소중한 조언이 될 것이다.

디파이는 혁명이다. 금융 소외자들에 의한, 그들을 위한 아래로부터의 이러한 시도는 분명 많은 도전에 직면할 것이다. 그럼에도 불구하고 기존 금융시스템은 한계를 맞고 있다. 보다 나은 시스템을 설계하고자 하는 우리의 노력과 시도는 계속될 것이며, 결국에는 디파이가 그리는 미래는 현재로 다가올 것이다. 독자 여러분들도 디파이가 설계하는 매혹적인 미래에 동참할 수 있기를 기대해본다.

2022년 6월

송교직, 안성필, 이동엽 씀

서문 Foreword

디파이(DeFi)는 "탈중앙화 금융"의 매력적인 약어이지만, 기초부터 구축된 새로운 금융시스템의 진정한 잠재력을 모호하게 만든다. 오늘날 디파이는 이 글을 쓰는 현재 수십억 달러의 자산을 포함하고 있어 전통적인 금융시스템에서 운용되고 있는 수백조 달러의 자산에 비하면 작게 보이지만 빠르게 성장하고 있다. 그리고 디파이의 성장은 수십 년이 걸리겠지만, 나는 디파이가 결국에는 세계의 주요 금융시스템으로 자리 잡을 것으로 믿는다.

왜 그럴까? 디파이는 진정한 "화폐의 인터넷"이다. 인터넷은 정보를 위한 보편적인 개방형 네트워크의 힘을 보여주었다. 40년이 지나서 인터넷과 유사한 아이디어로서 가치 이전을 위한 개방형 글로벌 네트워크는 명백해 보일 것이며, 이것은 오늘날 잘 드러나는 진실이다.

모든 새로운 기술과 마찬가지로 가상자산과 그 위에 구축된 새로운 탈중앙화 금융시스템은 과거 세계의 아날로그식 금융시스템과는 다를 것이다. 디파이는 허가가 필요 없고, 개방적이며, 글로벌하고, 누구나 만들 수 있고, 투명하기 때문에 전통적인 금융시스템에 비하면 특별하다. 기본적인 금융거래를 위해 중앙화된 금융기관들이 더 이상 필요하지 않다. 디파이에서 여러분은 여러분 자신의 은행이 될 수 있고, 블록체인상의 코드로부터 크레딧을 받을 수 있기 때문에 금융기관이 필요하지 않다.

그러나 이 생태계의 인프라는 거의 건설되지 않았다. 우리는 현상으로서의 디파이에 1퍼센트도 채 안되는 관심을 갖고 있는지도 모른다. 전 세계에 걸쳐 나타나고 있는 개발자들의 생태계가 현재 미래의 금융 빌딩 블록들을 만들어 가고 있다. 가상자산 투자회사인 패러다임(Paradigm)에서 우리는 종종 스스로에게 이렇게 질문한다. "만약 금융의 기본요소에도 주기율표가 있다면, 현재 구축된 것이 무엇이며, 채워야 할 부분이 무엇인가?" 그것이 기업가들에게 주어진 기회이다.

디파이는 인터넷과 마찬가지로 금융서비스를 더 저렴하고, 더 빠르고, 안전하게 할 것이며, 개인화뿐 아니라 그 이상의 것도 해낼 것이다. 유튜브는 누구나 비디오들을 무료로 쉽게 만들고 사용할 수 있도록 함으로써 비디오 콘텐츠의 양을 엄청나게 증가시켰다. 마찬가지로 디파이도 누구나 거의 비용을 들이지 않고 무엇이든 만들고 사용할 수 있게 해주고 있는데, 디파이는 금융상품들에 어떤 결과를 가져올 것인가?

그 미래는 아직 쓰이지 않았다. 이 책은 그 미래를 들여다볼 수 있는 기회를 제공할 것이며, 독자들은 그 미래를 창조할 힘을 가질 것이다.

Fred Ehrsam

패러다임(Paradigm) 공동설립자 겸 매니징 파트너

코인베이스(Coinbase) 공동설립자

서문 Preface

탈중앙화 금융(DeFi)은 내 개인적으로 보고 싶었던 사람들이 이더리움을 기반으로 만들어 가는 것들 중 항상 큰 부분을 차지했다. 2013~14년의 특별한 초창기에 블록체인 기술의 다음 단계를 구축하기 위해 노력했던 많은 사람들의 마음속에 있었던 것처럼, 사용자 발행 자산, 스테이블코인, 예측시장, 탈중앙거래소, 그리고 더 많은 디파이 관련 아이디어들은 항상 내 마음의 중심에 자리 잡고 있었다. 하지만 다른 많은 사람들이 그랬듯이, 알려진 기존 사용 사례들을 목표로 한 제한된 플랫폼을 만드는 대신 이더리움은 범용 프로그래밍 가능성을 선보였다. 즉 이더리움은 디지털 자산을 보유하고 사전에 정의된 대로 전송할 수 있고, 금융과 전혀 관련이 없는 구성요소를 가진 애플리케이션을 작동하게 할 수 있는 블록체인 기반의 계약들을 가능하게 한다.

이더리움 커뮤니티의 사람들은 온체인 스테이블코인, 예측시장, 거래소와 같은 애플리케이션에서 거의 즉시 작업을 시작했지만, 생태계가 진정으로 성숙하기 시작한 것은 5년 이상이 지나서였다. 나는 디파이가 새롭고 사용하기 쉬우며 전 세계적으로 접근 가능한 금융시스템을 창조할 것으로 믿는다. 예를 들어, 스테이블코인들과 같은 애플리케이션들은 지금까지 디파이에서 나온 가장 가치 있는 혁신들의 예를 보여준다. 그것들은 전 세계의 누구나가 검열저항, 자주권, 암호화폐의 즉각적인 글로벌 접근성으로부터 혜택을 받도록 해준다. 또한 스테이블코인들은 달러의 구매력 안정성을 유지해 주거나 또는 달러가 안정성을 잃는다면 사람들이 안정성을 유지하기 위한 더 나은 작업을 수행하는 다른 자산으로 자금을 신속하게 이동할 수 있게 해준다.

그렇다면 디파이는 왜 중요한가? 금융 검열은 실제로 법에 의해 요구되는 것 이상의 제약과 훨씬 더 많은 어려움을 부담시키기 때문에 소외된 그룹의 사람들에게는 계속되는 문제이다. 이 문제는 우리가 선진국들의 상대적으로 안전한 버블 너머를 바라보기 시작한다면 보다 확실한 사실이다. 디파이는 새로운 애플리케이션을 훨씬 쉽게 구축할 수 있게 함으로써 실험 비용을 크게 줄여 주며, 검증 가능한 오픈소스 코드를 이용한 스마트 계약들은 자금을 운영하기 위해 창립 팀을 신뢰해야 하는 장벽을 크게 낮춰준다. 디파이는 새로운 애플리케이션이 기존의 이미 존재하고 있는 다른 애플리케이션들과 쉽고 즉시 상호 운용할 수 있도록 해주는 "구성 가능성"을 제공한다. 이것들은 전통적인 금융시스템으로부터 엄청나게 발전된 것이며, 나는 이 장점들이 여전히 과소평가되고 있다고 생각한다.

『디파이와 금융의 미래』라는 이 책에서 저자들은 전통적인 금융시스템에 비해 디파이가 제공하는 많은 추가 개선사항들에 대해 논의할 것이다. 또한 저자들은 오늘날의 스테이블코인, 자동시장 조성자 등을 포함한 많은 디파이 프로토콜들의 심층적인 작동 메커니즘들에 대해 설명할 것이다. 나는 이 책을 이더리움과 디파이 프로토콜에 대해 더 많은 것을 배우기를 원하는 모든 사람에게 추천한다.

Vitalik Buterin

이더리움 공동 창립자

차례

I

소개

Introduction

우리는 한 바퀴 원을 돌았던 것처럼 출발점으로 돌아와 있다. 시장에서 가장 초기 형태의 교환은 거래 당사자 간의 직접거래(P2P) 또는 물물교환이었다.[1] 물물교환은 거래 당사자 간의 수요와 공급이 정확히 일치해야 하기 때문에 매우 비효율적인 방법이다. 수요와 공급의 불일치 문제를 해결하기 위해 화폐가 교환의 수단과 가치저장의 수단으로 도입되었다. 초기 유형의 화폐들은 중앙집중화되지 않았다. 거래 당사자들은 상품 교환의 대가로 돌이나 조개와 같은 많은 아이템들을 통용하였다. 이런 상품화폐에서 발전하여, 결국에는 금화와 같은 정화(正貨, specie money), 즉 실질적인 가치를 갖는 통화가 등장했다. 오늘날, 우리는 중앙은행이 통제하는 그 자체로는 담보가치가 없는 명목통화(fiat currency)를 갖고 있다. 이렇게 화폐의 형태는 역사적으로 변해 왔으나, 금융기관의 기본 인프라는 변하지 않았다.

그러나 우리의 현재 금융시장 인프라에 대한 역사적 파괴를 이

끄는 현상이 나타나고 있다. 디파이(DeFi) 또는 탈중앙화 금융은 블록체인 기술을 이용하는 사용자가 오픈소스 금융 빌딩 블록을 구축하고 결합하여 정교한 제품으로 발전시켜 마찰비용(friction, 금융상품 거래 시 발생하는 각종 비용)을 최소화하고 가치를 극대화할 수 있는 기회를 제공한다. 100달러의 자산을 갖고 있는 고객과 1억 달러의 자산을 갖고 있는 고객에게 서비스를 제공함에 있어서 비용의 차이가 없기 때문에 디파이는 미래에 모든 의미가 있는 중앙집중적인 금융 인프라를 대체할 것으로 우리는 믿는다. 디파이는 디파이로부터 발전된 모든 혁신 서비스를 이용하거나 그것으로부터 혜택을 받는 모든 이용자가 정액비용을 지불하는 포용의 기술이다.

디파이는 기본적으로 교환, 저축, 대출, 토큰화와 같은 다양한 금융 기본요소(primitives)로 기능하는 탈중앙화된 금융 애플리케이션들의 경쟁적 시장이다. 이런 애플리케이션들은 디파이 제품들을 결합하고 또 재결합하는 네트워크 효과에서 이점을 누리고 있으며, 전통적인 금융 생태계에서 점점 더 시장점유율을 늘리고 있다.

이 책은 디파이가 해결할 수 있는 문제들(중앙통제, 제한된 액세스, 비효율성, 상호 운용성 부족, 불투명성)을 자세히 설명한다. 그리고 우리는 현재 엄청난 속도로 성장하고 있는 디파이 환경을 설명하고 디파이가 가져올 수 있는 미래의 기회들을 제시할 것이다. 먼저 디파이가 해결할 수 있는 문제들에 대한 설명을 시작한다.

중앙집중식 금융시스템의 다섯 가지 문제점

수세기 동안 우리는 중앙집중식 금융의 세계에 살고 있다. 중앙은행은 통화 공급을 통제한다. 금융거래는 주로 중개자를 통해 이루어진다. 차입과 대출은 전통적인 은행기관을 통해 이루어져 왔다. 지난 몇 년 동안 완전히 다른 모델인 탈중앙화 금융이 상당한 진전을 이루었다. 탈중앙화 금융에서는 거래 참여자들이 어떤 중앙집중식 조직에 의해 통제되지 않고 다른 거래자와 공통 원장(ledger)을 통해 상호작용한다. 디파이는 중앙집중식 금융이 안고 있는 다섯 가지의 주요 문제를 해결할 수 있는 상당한 잠재력을 보여주고 있다. 그 다섯 가지 문제는 중앙통제, 제한된 액세스, 비효율성, 상호 운용성 부족, 불투명성이다.

1. **중앙통제(Centralized Control)** 중앙집중화는 많은 층(layers)이 있다. 대부분의 소비자와 기업은 이자율과 수수료를 통제하는 현지화된 단일 은행과 거래한다. 거래은행을 바꾸는 일은 가능하지만, 많은 비용을 지불해야 한다. 게다가 미국의 은행시스템은 고도로 집중되어 있다. 예금보호가 적용되는 예금에 대한 미국 4대은행 시장점유율은 1984년 15%에서 지금은 44%로 증가했다.[2] 흥미롭게도 미국 은행시스템은 영국이나 캐나다와 같은 다른 나라와 비교하면 덜 집중되어 있는 편이다. 이런 중앙집중식 은행시스템에서는 하나의 통합은행(one consolidated entity)이 단기 금리를 결정하고 인플레이션율에 영향을 미치려 한다. 이 현상은 전통적인 금융 분야를 넘어서 이제 소매 판매 및 디지털 광고 같은 산업을

지배하는 아마존, 페이스북, 구글과 같은 기술기업들에게도 전이되었다.

2. **제한된 액세스(Limited Access)** 오늘날 전 세계적으로 17억의 인구는 은행 서비스에서 배제되어 있어, 이들이 대출을 받거나 인터넷 상거래 시대에 활동하는 것을 매우 어렵게 한다. 또한 많은 소비자들이 유동성 부족을 메우기 위해 월급 기반 대출 기업(payday lending operations)에 의존한다. 게다가 은행 계좌를 갖고 있다고 해서 대출이 보장되는 것도 아니다. 예를 들어 은행은 새로운 사업에 필요한 소액 대출은 취급하기를 원하지 않는 경우도 있다. 이런 소액 대출 대신 신용카드 대출을 이용해야 하는 경우가 많은데, 신용카드 대출은 연 이자율이 20%가 넘는 경우가 많고, 이는 흑자를 낼 수 있는 투자 프로젝트를 찾아내는 데 거부율(hurdle rate)로 작용한다.

3. **비효율성(Inefficiency)** 중앙집중식 금융시스템은 많은 비효율적인 요소들을 내재하고 있다. 아마도 가장 지독한 예는 소비자와 소상공인들이 지불 네트워크의 과점(oligopoly)에 따른 가격 책정 파워 때문에 신용카드 거래마다 거래가격의 3%까지 손실을 발생시키는 신용카드 수수료율이다. 송금 수수료율은 5~7%에 이르기도 한다. 주식 거래를 최종 결제(공식적으로 소유권 이전)하기 위해서는 이틀이라는 시간이 낭비된다. 인터넷 시대에 전혀 믿기 어려운 비효율성이다. 다른 비효율성으로는 비용이 많이 들고 느린 자금의 이체, 직간접 중개 수수료, 금융 보안 부족, 소액 거래 수행 불가능

등이 있는데, 그중 많은 부분이 이용자들에게는 명확하지 않다. 현재의 은행시스템에서는 예금금리는 매우 낮고 대출금리는 높게 유지되는데, 이는 은행들이 그들의 오프라인 거래 비용을 메우려 하기 때문이다. 보험산업도 비효율성의 또 다른 사례다.

4. **상호 운용성 부족(Lack of Interoperability)** 소비자와 기업들은 상호연결성이 없는 환경에서 금융기관들과 거래하고 있다. 미국 금융시스템이 고립되어 있고, 높은 스위칭 비용을 유지하도록 설계되어 있다는 것은 잘 알려진 사실이다. 한 금융기관에서 다른 금융기관으로 자금을 이체하는 것은 지나치게 시간이 걸리고 복잡할 수 있다. 예를 들어 전신 송금(wire transfer)은 완료하는 데 3일이 소요될 수 있다. 중앙 집중식 금융이 보편화된 세계에서 이런 문제를 해결하기 위해 2019년 Visa는 Plaid를 인수하려 했는데,[3] Plaid는 이용자가 허락하면 어떤 기업이든지 금융기관이 보유한 정보에 접근이 가능하게 해주는 제품이다. 비록 이런 인수 시도가 Visa로 하여금 변화하는 금융환경에 대처할 수 있는 시간을 벌어줄 수 있는 전략적인 움직임이었지만, 현재 금융 인프라가 갖고 있는 근본적인 문제를 해결해 주지는 않았다.

5. **불투명성(Opacity)** 현재의 금융시스템은 투명하지 않다. 은행의 고객들은 그들이 이용하는 은행의 재무적 안정성에 대한 정보가 거의 없고, 대신에 그들의 예금에 대한 믿음을 FDIC(미국의 Federal Deposit Insurance Corporation, 한국의 예금보험공사와 비슷한 역할을 하는 기관) 보험과 같은 정부의 제

한된 보호조치에 의존한다. 게다가 은행고객들은 대출이자율이 경쟁에 의해서 결정되는지 알기 어렵다. 최근 소비자보험산업이 가장 낮은 가격을 찾아주는 핀테크 서비스를 발전시켰지만, 여전히 대출시장은 파편화되어(fragmented) 있고 경쟁관계에 있는 대출기관들 모두 시스템의 비효율성으로 고통받고 있다. 결과적으로 가장 낮은 가격조차도 여전히 재래식 오프라인 거래와 부풀려진 비영업부서(back office) 비용을 반영하고 있다.

중앙집중식 금융의 다섯 가지 문제의 영향(Implications)

이 다섯 가지 문제의 영향은 크게 두 가지의 결과를 초래한다. 첫째, 이 다섯 가지 문제에서 파생된 비용의 대부분은 경제성장 저하로 연결된다. 예를 들어, 재래식 비용(legacy costs) 때문에 대출금리가 높을 경우 이미 설명한 대로 양질의 투자 프로젝트들은 사라질 것이다. 한 기업가가 경제성장을 촉진시킬 수 있는 양질의 투자 프로젝트에 대한 아이디어를 갖고 있고, 이 투자 프로젝트는 20%의 수익률을 목표로 한다고 가정해 보자. 은행이 이 프로젝트 수행을 위해 신용카드 대출을 통해 투자비를 조달하려는 기업가에게 24%의 이자율을 요구한다면, 이 수익성이 높아 보이는 프로젝트는 실행될 수 없을 것이다.

둘째, 이 다섯 가지 문제들은 불평등을 지속시키고 악화시킨다. 많은 사람들은 자신의 정치적 지향과 상관없이 기회의 균등이 보장되어야 한다는 데 동의한다. 즉 프로젝트를 수행하기 위한 자본

조달은 아이디어의 질(quality)과 실행계획의 건실성에 의해 결정되어야 하며, 다른 요인의 영향을 받아서는 안 된다. 중요한 것은 금융시장의 불평등 때문에 자본을 조달하지 못하여 좋은 아이디어들이 사장될 때 경제성장이 제한된다는 것이다. 미국은 기회의 땅이라고 일반적으로 생각하지만 하위 4분위의 소득을 갖고 있는 사람이 상위 4분위로 이동하는 데 최악의 기록을 갖고 있다.[4] 부분적으로 기회의 불평등은 현재의 은행시스템에 대한 접근성의 부족, 급여 기반 대출과 같은 값비싼 금융에 대한 의존, 현대의 전자상거래의 세계에서 판매와 구매를 수행할 수 없는 무능력 등에서 생겨난다.

위에서 언급한 중앙집중식 금융의 다섯 가지 문제에서 파생된 결과들은 광범위하며, 어떻게 계산하든 이것들은 우리의 현재 중앙집중식 금융시스템에 고질적으로 내포되어 있는 심각한 문제들의 긴 목록이다. 우리의 금융 인프라는 우리가 현재 살고 있는 디지털 시대에 완전히 적응하는 데 실패했다. 반면 탈중앙화 금융(decentralized finance)은 새로운 기회를 제공한다. 그 기술은 아직 초기 단계이지만, 현재의 시스템을 탈바꿈할 잠재력이 있다.

이 책은 여러 가지 목표를 갖고 있다. 먼저, 우리의 목표는 중앙집중식 금융의 비즈니스 모델에 도전했던 초기의 이니셔티브에 대한 논의를 포함하여 현재의 시스템에 대한 약점들을 파악하는 것이다. 다음으로, 탈중앙화 금융의 기원(origins of decentralized finance)에 대해 살펴본다. 그런 다음 디파이, 즉 블록체인 기술의 중요한 구성요소에 대해 논의할 것이다. 다음으로 디파이가 제공하는 솔루션들에 대해 자세히 설명하고, 새로운 공간에서 나타나고 있는 선구적인 아이디어들에 대해 심층 분석할 것이다. 마지막으로 주요 위험요인들을 분석하며, 미래를 예측하여 결론을 내리고, 승자와 패자를 구별하기 위한 시도를 할 것이다.

Ⅱ

현대의 탈중앙화 금융의 기원

The Origins of Modern Decentralized Finance

금융의 간략한 역사

오늘날의 금융시스템은 비효율에 시달리고 있지만, 시장에서의 거래가 P2P이며 두 거래 당사자의 요구사항이 정확히 일치해야 물물교환이 이루어지던 과거의 시스템보다는 훨씬 발전되어 있다. 물물교환에서 출발하여 사람들이 "선물(gifts)"에 대한 정신적 기록을 유지했던 마을에서 비공식적 신용시스템이 나타났다.[1]

현대적인 주화는 그보다 훨씬 더 나중에 리디아(Lydia, 철기시대에 현재의 터키 아나톨리아에 존재했던 왕국)에서 기원전 600년경에 처음 생겨났다. 이 주화는 오늘날 우리가 생각하는 화폐의 기능(계정단위, 교환수단, 가치저장)을 제공했다. 또한 화폐의 중요한 특성들인 내구성, 휴대성, 분할성, 균일성, 제한된 공급, 수용성, 그리고 안정성 등을 포함했다. 중국에서 기원한 지폐(bank notes)는 13세기에 유럽에 전해졌다.

화폐의 비물리적 송금은 1871년 웨스턴유니언(Western Union)이라는 회사에서 시작되었다. [그림 2.1]은 이 당시의 300달러짜리 송금어음 사본을 보여준다. 놀라운 것은 송금수수료가 9.34달러로 3% 정도라는 것이다. 송금수수료가 150년 동안 거의 변화가 없었다는 것이 놀랍다. 일상적인 송금비용은 매우 비싸고, 신용카드 수수료도 3%이다.

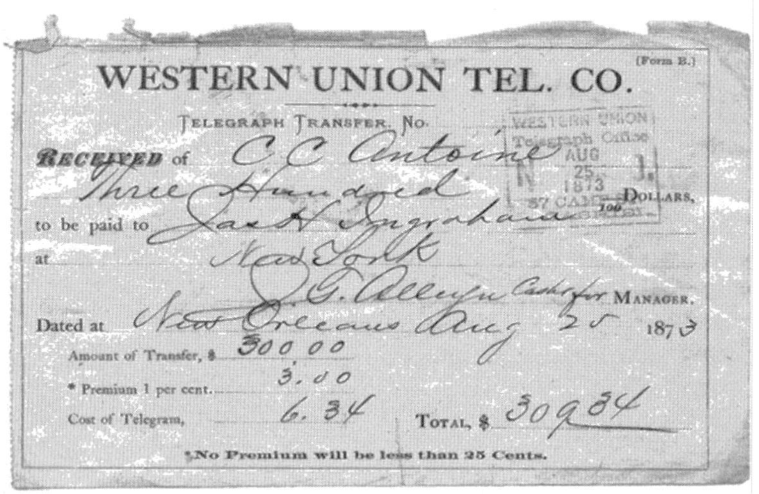

(Form B.)

WESTERN UNION TEL. CO.

Telegraph Transfer, No.

Received of C.C. Antoine

Three Hundred ... Dollars,

to be paid to Jas H Ingraham

at New York

J.G. Allyn Cashier for Manager.

Dated at New Orleans Aug 25 1873

Amount of Transfer, $ 300 00

* Premium 1 per cent. 3.00

Cost of Telegram, 6.34 Total, $ 309 34

*No Premium will be less than 25 Cents.

[그림 2.1] 1873년 Western Union의 송금어음
(*Source:* Western Union Holdings, Inc.)

지난 75년 동안 금융산업에서는 많은 최초의 혁신적 사례가 도입되었다. 1950년 신용카드(Diners Club), 1967년 자동입출금기(Barclays Bank), 1983년 텔레뱅킹(Bank of Scotland), 1994년 인터넷뱅킹(Stanford Federal Credit Union), 1997년 무선 주파수 식별(RFID) 지불(Mobil Speedpass), 2005년 칩앤핀(chip-and-pin) 신용카

드(Mastercard), 그리고 2014년 모바일 장치를 통한 애플페이(Apple) 등이 등장하였다.

중요한 것은 이런 모든 혁신이 중앙집중식 금융을 기반으로 구축되었다는 것이다. 기술적인 발전이 있었지만, 오늘날 은행시스템의 구조는 지난 150년 동안 크게 변하지 않았다. 즉 디지털화는 여전히 재래식 금융산업의 구조를 지원하고 있다. 이 재래식 금융시스템과 관련된 높은 비용은 핀테크(fintech)로 알려진 추가적인 발전에 박차를 가하는 계기가 된다.

핀테크(FinTech)

금융시스템 관련 비용이 높을 때, 이런 비효율성을 이용하기 위한 혁신이 일어난다. 그러나 때때로 강력한 중간계층이 이 혁신의 과정을 늦출 수 있는데, 금융시장에서는 기존의 중개업자들이 혁신을 방해하는 사례들이 있다. 탈중앙화 금융의 초기 사례는 약 20년 전에 외환(forex)시장에서 나타났다. 그 당시에 대기업들은 오랫동안 관계를 맺어온 투자은행을 통해 그들의 외환 니즈를 관리했다. 예를 들어, 미국에 기반을 둔 기업은 독일에서 구매한 상품에 대한 가격을 지불하기 위해 9월 말에 5천만 유로가 필요할 수 있다. 그 기업의 거래은행은 5천만 유로에 대한 환율을 제시한다. 동시에 해당 은행의 다른 고객은 9월 말에 5천만 유로 매각이 필요할 수 있다. 은행은 두 고객에게 다른 요율(환율)을 제시할 것이다. 이 요율의 차이를 스프레드(은행이 중개자로서 얻는 이익)라고 한다. 수십조 달러의 외환시장을 감안할 때 이 스프레드는 은행이 창출하는 이익의 중요한 부분이었다.

2001년 초에 한 핀테크 스타트업이 다음과 같은 아이디어를 내놓았다.[2] 개별 기업이 여러 은행에 문의하여 최적의 요율(환율)을 요구하는 대신, 전자시스템을 통해 합의된 가격으로 스프레드 없이 외환 구매자와 판매자를 직접 연결하면 어떨까? 실제로 은행은 이 서비스를 고객들에게 제공하고 스프레드에 비해 훨씬 낮은 수수료를 징수할 수 있다. 또한 일부 고객들은 여러 은행과 거래하고 있기 때문에 P2P 네트워크에 참여하는 모든 은행의 고객들을 연결할 수 있다.

여러분은 이와 같은 아이디어에 대한 은행의 반응을 상상할 수 있다. 은행은 아마도 "우리 비즈니스를 잠식하고 매우 중요한 이익창출부서(profit center)를 제거할 전자시스템에 투자해야 된다는 건가?"라고 반응할 것이다. 그러나 은행들은 이미 20년 전에 자신들의 최대 고객들이 현재의 시스템에 매우 불만이 있다는 것을 깨달았다. 세계화가 가속화됨에 따라 이런 고객들은 불필요한 외환 거래비용에 직면했다.

더 이른 예는 다크 풀(dark pool) 주식 거래(stock trading)의 부상이었다.* 1979년 미국 증권거래위원회(SEC)는 뉴욕증권거래소(NYSE)와 같은 한 거래소에 상장된 주식을 장외에서 거래할 수 있도록 하는 규정(Rule 19c3)을 제정했다. 많은 대형 기관투자자들은 거래규모가 큰 블록거래(block trading)를 이런 다크 풀로 옮겨 전통적인 거래소 기반 거래(장내 거래)보다 훨씬 저렴한 비용으로

* [역자 주] 다크 풀 주식 거래는 특정 투자자(주로 기관투자자)들이 장외에서 대량 매매가 가능한 상대 거래자를 찾는 동안 자신들의 거래 동기가 시장에 알려지지 않도록 해주는 대체거래시스템(alternative trading system)이다.

P2P 방식의 거래를 해왔다.

금융시장에서의 과도한 거래비용은 많은 핀테크 혁신으로 이어졌다. 설립된 지 20년도 더 된 페이팔(PayPal)은 지불 분야의 선구자이다.[3] 그리고 2017년에는 미국의 가장 큰 7개의 은행이 자체 지불시스템인 젤(Zelle)도 생겨났다.[4] 이런 비용 절감을 추구하는 핀테크 혁신의 중요한 공통점은 현재의 금융 인프라의 중추를 이루는 중앙집중식 시스템에 의존한다는 것이다.

비트코인(Bitcoin)과 암호화폐(Cryptocurrency)

1980년대 초반에 시작된 수십 개의 디지털 통화 도입 이니셔티브는 모두 실패했다.[5] 그러나 2008년에 사토시 나카모토(Satoshi Nakamoto)가 유명한 비트코인 백서를 발표하면서 분위기가 완전히 바뀌었다.[6] 나카모토의 비트코인 백서는 탈중앙화된 P2P시스템을 제시하고, 블록체인 개념을 사용한다. 하버(Haber)와 스토네타(Stornetta)가 1991년에 발명한 블록체인은 처음에는 문서의 다양한 버전을 추적하기 위한 타임 스탬프 시스템으로 구상되었다.[7] 비트코인의 핵심 혁신은 블록체인 아이디어(타임 스탬프)와 2002년 애덤 백(Adam Back)에 의해 소개된 작업증명(Proof of Work, PoW)이라고 불리는 합의 메커니즘(consensus mechanism)을 결합한 것이다.[8] 이 기술은 모든 디지털 자산의 핵심 문제를 해결하는 변경할 수 없는 원장(ledger)을 생성했다. 이 기술을 통해 여러분은 완벽한 사본을 만들어 여러 번 사용할 수 있다. 블록체인은 이전에는 단일 자산에는 동시에 존재하지 않았던 가치저장소(a store of value)

에서 중요하고 바람직한 중요한 기능을 가능하게 한다. 블록체인은 암호의 희소성(비트코인은 2,100만 개까지만 공급됨), 검열 저항, 사용자 주권(사용자 이외의 주체는 자금 사용방법을 결정할 수 없음), 그리고 이동성(낮은 정액요금으로 원하는 수량을 어디든지 보낼 수 있음)이 있다. 단일 기술에 결합된 이러한 기능들로 인해 암호화폐는 강력한 혁신제품으로 자리매김한다.

비트코인의 가치제안은 중요하며 다른 금융자산의 가치제안과 비교하면 잘 이해될 수 있다. 예를 들어, 미국 달러(USD)를 고려해 보자. 1971년에 금본위제가 폐지되기 전에는 미국 달러는 금으로 뒷받침되었다. 이제 미국 달러에 대한 수요는 (a) 세금, (b) 미국 달러로 표시된 미국 상품 구매, (c) 미국 달러로 표시된 부채의 상환에서 비롯된다. 이 세 가지 경우는 본질적 가치를 창출하는 것이 아니라 미국 경제라는 네트워크를 기반으로 가치를 창출한다. 이러한 구성요소들의 확장 또는 축소는 미국 달러의 가격에 영향을 줄 수 있다. 또한 미국 달러에 대한 주어진 수준의 수요에 대비하여 달러 공급 충격은 가격에 영향을 미친다. 미국의 연방준비제도이사회(Federal Reserve Board)는 재정적 또는 정치적 목표를 달성하기 위해 통화정책을 통해 달러 공급을 조절할 수 있다. 인플레이션은 미국 달러의 가치를 저하시키고, 시간이 지남에 따라 가치를 저장하는 능력을 감소시킨다. 사람들은 폴 튜더 존스(Paul Tudor Jones)가 "거대 통화 인플레이션(the great monetary inflation)"이라고 부르는 통제불능의 인플레이션에 대해 우려할 수 있고, 이는 사람들로 하여금 인플레이션 방지 자산으로 도피하게 할 것이다.[9] 금은 실질적으로 제한된 공급, 구체적인 효용, 그리고 일반적인 세계적 신뢰성 때문에 성공적인 인플레이션 헤지 수단이 되어 왔다. 그러나 금은 변동성이 큰 자산이기 때문에 역사적으로 금의 헤지 능력은 극히 장기적인 기간에서만 실현된다.[10]

많은 사람들이 비트코인에는 "유형의 또는 실질적인(tangible)" 가치가 없으므로 가치가 없어야 한다고 주장한다. 금과의 비교를 계속하면, 약 3분의 2의 금이 보석에 사용되고 나머지 금은 기술적인 하드웨어에 사용된다. 금은 유형의 가치가 있다. 미국 달러는 명목통화(fiat currency)이지만 "법정화폐(legal tender)"로서의 가치가 있다. 그러나 역사적으로 가치가 있는 어떤 것의 뒷받침 없는 통화(currency)가 등장한 많은 예가 있다.

비교적 최근의 예는 이라크의 스위스 디나르(Iraqi Swiss dinar)이다. 이 화폐는 1990년 1차 걸프전까지 이라크의 통화였다. 인쇄판은 스위스에서 제조되었고("스위스 디나르"라는 이름이 여기서 유래되었다), 인쇄는 영국에서 이루어지도록 위탁되었다. 1991년에 이라크는 북쪽은 쿠르드족이 통제하고, 남쪽은 사담 후세인이 통제하는 방식으로 분단되었다. 국제사회의 제재로 인하여 이라크는 영국에서 디나르를 수입할 수 없었고, 자체 생산을 시작해야 했다. 1993년 5월 이라크의 중앙은행은 시민들이 과거의 25디나르 지폐들을 새로운 디나르로 1:1로 3주 안에 교환해야 한다고 발표했다([그림 2.2] 참조). 그 후로 과거의 디나르는 사용할 수 없게 되었다.

그러나 과거에 발행된 이라크 스위스 디나르는 북쪽에서 계속 사용되었다. 남쪽에서는 새로운 디나르가 극심한 인플레이션의 피해를 입었다. 결국 환율은 1이라크 스위스 디나르에 새로운 디나르 300에까지 이르렀다. 이 사례에서 핵심적으로 봐야 할 것은 이라크 스위스 디나르는 공식적인 뒷받침 없이(즉 이라크 정부가 인정하지 않았지만) 화폐로서 받아들여졌다는 것이다. 이라크 스위스

[그림 2.2] 이라크 스위스 디나르와 새로운 디나르
(*Source:* Central Bank of Iraq)

디나르는 유형의 가치가 없었지만, 실제적으로는 가치가 있었다. 중요한 것은 가치란 유형 및 무형의 소스로부터 나올 수 있다는 것이다.

우리가 언급한 비트코인의 특징들, 특히 희소성과 자주권은 비트코인을 잠재적인 가치의 저장고로 만들 수 있으며, 글로벌 시장에서 정부들에 의해 야기되는 정치적, 경제적 불안에 대한 헤지 수단이 되게 한다. 네트워크가 커질수록 신뢰와 유동성이 높아져 가치제안(value proposition)만 커진다. 원래 비트코인은 P2P 통화로 고안되었지만, 그것의 디플레이션 특성과 고정수수료는 소액거래에서 비트코인의 사용을 어렵게 한다. 우리는 비트코인이 그들의 네트워크 구축에 기반하여 다양한 사용 사례를 가질 수 있는 새로운 자산 클래스, 즉 암호화폐의 대표라고 주장한다. 우리가 믿기에, 비트코인 자체는 중요한 가치저장 수단으로 계속 성장할 것이며, 장기간에 걸친 인플레이션에 대한 잠재적 헤지 수단이 될 것이다.[11]

원래 암호화폐는 정부나 중앙은행과 같은 중앙집중적 기관이 지배하던 금융시스템에 대한 대안을 제공했다. 암호화폐는 주로 비효율적이고 고립된 금융시스템을 불변하고 국경이 없는 오픈소스 알고리즘으로 대체하기 위한 열망으로부터 출현하였다. 이 새로운 통화(암호화폐)들은 인플레이션, 기반 블록체인을 통한 합의 메커니즘 등의 매개변수를 조정하여 서로 다른 가치제안들을 만들 수 있다. 우리는 블록체인과 암호화폐에 대해 나중에 더 깊게 논의할 것이지만, 지금은 디파이와 관련이 있는 특정 암호화폐에 초점을 맞출 것이다.

이더리움(Ethereum)과 디파이(DeFi)

이더리움은 2021년 현재 시가총액(2600억 달러) 기준으로 두 번째로 큰 암호화폐이다. 비탈릭 부테린(Vitalik Buterin)이 2014년에 아이디어를 소개했고, 이더리움은 2015년에 첫 번째 블록을 채굴했다. 이더리움은 블록체인상의 코드로, 스마트 계약을 가능하게 하고, 자산과 데이터를 제어할 수 있으며, 자산, 데이터, 네트워크 참가자들의 상호작용을 정의할 수 있다. 이런 의미에서 이더리움은 비트코인 응용 프로그램들의 논리적 확장이다. 스마트 계약 역량이 이더리움을 스마트 계약 플랫폼으로 정의한다.

특히 이더리움과 다른 스마트 계약 플랫폼들이 탈중앙화 애플리케이션, 즉 디앱(dApp)을 탄생시켰다. 이런 애플리케이션의 백엔드 구성요소들은 그들이 의존하는 체인(chain)이 존재한다면 지속적으로 존재할 수 있는 상호 운용이 가능하고 투명한 스마트 계약들로 만들어진다. 댑스(dApps)는 거래 당사자들이 직접 상호작용할 수 있도록 하고, 어떤 기업이 앱 상호작용을 위한 중앙정보처리 기관으로 기능할 필요성을 제거한다. 이런 기술을 이용한 최초의 킬러 댑스는 금융서비스를 제공하는 애플리케이션들이 될 것임은 분명해졌다.

금융 댑스를 향한 열망은 오픈소스 금융 빌딩 블록들을 구축하고 결합하여 마찰비용을 최소화하고 사용자들의 가치를 극대화하는 정교한 제품들을 발전시키려는 디파이 운동이 되었다. 자산이 100달러이든 1억 달러이든 간에 고객에게 서비스를 제공하는 데 조직 수준에서는 비용이 더 이상 들지 않기 때문에 디파이 지지자들은 모든 의미 있는 금융 인프라가 더 많은 사용자 그룹에 더 큰 가치를 제공할 수 있는 스마트 계약으로 대체될 것이라고 믿는다. 누구나 간단히 고정비용을 결제하면 계약을 사용할 수 있고, 디파이 혁신의 혜택을 누릴 수 있다. 우리는 스마트 계약 플랫폼과 댑스에 대해 제3장에서 보다 더 자세히 논할 것이다.

디파이는 근본적으로 교환, 대출 및 토큰화와 같은 다양한 금융의 "기본요소(primitive)"들로 기능하는 금융 댑스의 경쟁적 시장이다. 댑스는 디파이 제품들을 결합하고 또 재결합하는 네트워크 효과를 누리고, 점점 전통적인 금융 생태계로부터 시장점유율을 빼앗고 있다. 이 책에서 우리의 목표는 디파이가 해결하는 문제들에 대한 개요를 제시하고, 현재 빠르게 성장하고 있는 디파이 환경을 설명하며, 디파이가 열어주는 미래 기회에 대한 비전을 제시하는 것이다.

Ⅲ

디파이 인프라

DeFi Infrastructure

이 장에서 우리는 디파이를 이끈 혁신에 대해 논의하고 그 용어를 상세히 설명한다.

블록체인(Blockchain)

모든 디파이의 핵심은 탈중앙화의 근간을 이루는 블록체인이다. 기본적으로 블록체인은 여러 당사자가 서로를 신뢰하지 않지만 공유하고 있는 가정과 데이터하에서 운영할 수 있도록 하는 소프트웨어 프로토콜이다. 이러한 데이터는 공급망에 있는 아이템들의 위치 및 목적지 정보 또는 토큰의 계정 잔액과 같은 모든 것이 될 수 있다. 이런 정보의 업데이트는 "블록"으로 패키지화되고 암호화 방식으로 함께 "연결(chained)"되어 이전 기록의 감사(audit)를 가능하게 한다. 그래서 블록체인이라고 한다.

블록체인은 어떤 종류의 블록이 체인의 일부가 되어 "진실(truth)"이 될 수 있는지를 결정하는 일련의 규칙인 컨센서스 프로토콜 때문에 가능하다. 이런 컨센서스 프로토콜은 특정 보안 범위까지 악의적인 변조(부당 변경)를 방지하도록 설계되었다. 우리가 집중하고 있는 블록체인은 현재 작업증명(PoW) 컨센서스 프로토콜을 사용한다. 이 프로토콜은 어떤 블록을 추가할 것인지 결정하기 위해 복잡한 계산이 필요하고 에너지 소모적인 무작위 추출(lottery)에 의존한다. 참가자들은 가장 긴 블록체인이 진실이라는 데 동의한다. 만약 블록체인 공격자들이 악의적인 부당 거래를 포함하는 더 긴 체인을 만들고 싶다면 나머지 네트워크 전체의 모든 계산 작업을 능가해야 한다. 이론적으로, 공격자들이 이를 달성하기 위해서는 "가장 많은 네트워크 파워(해시율, hash rate)"가 필요한데, 이것이 유명한 작업증명 보안의 경계가 되는 51% 공격이다. 운 좋게도 국가 전체를 포함하여 어떤 행위자가 비트코인이나 이더리움과 같이 가장 널리 사용되는 블록체인에서 이렇게 많은 네트워크 파워를 축적하는 것은 극히 어렵다. 네트워크 파워의 대부분을 일시적으로 획득할 수 있다 하더라도, 덮어쓸 수 있는 블록 기록의 양은 이 과반수를 유지할 수 있는 기간에 의해 제한된다.

어떤 악의적인 당사자가 네트워크 계산 파워의 대부분을 통제할 수 없다면, 거래들은 선의의 행위자에 의해 처리되고 블록이 "얻어지면(won)" 원장에 추가된다.

여기서 초점은 작업증명에 있지만, 많은 대안적 합의 메커니즘이 존재하며 그중 가장 중요한 것은 지분증명(Proof of Stake, PoS)이다. 지분증명(PoS)의 검증인들은 블록이 유효하다는 것을 증명하고, 암호화폐를 예치하여(staking cryptocurrency) 검증인들 스스로 이 메커니즘에서 기능할 수 있도록 일부 자본(the stake)을 투입한다. 이렇게 하여 검증인들은 다른 많은 검증인들에 의해 유효성 증명이 필요하다고 생각되는 블록을 제안할 수 있도록 선택될 수 있다. 검증인들은 블록을 제안하고 다른 사람들이 제안한 블록의 유효성을 증명함으로써 이익을 얻는다. 이런 지분증명은 덜 계산 집약적이며 훨씬 더 적은 에너지를 필요로 한다.

암호화폐(Cryptocurrency)

블록체인 기술의 가장 인기 있는 응용 프로그램은 암호로 보호되고 이전될 수 있는 토큰, 즉 보통 희소성이 있는 암호화폐이다. 희소성은 가치의 가능성을 보장하는 것이며 그 자체가 블록체인의 혁신이다. 보통 디지털 객체(digital object)는 쉽게 복제된다. 구글의 전 CEO인 에릭 슈미트(Eric Schmidt)가 말했듯이, 비트코인은 놀라운 암호화의 성과이며, 디지털 세계에서 복제할 수 없는 무언가를 만드는 능력은 엄청난 가치가 있다.[1]

계정을 보호하는 비대칭 키 암호화(asymmetric key cryptography)로 인해 해당 계정의 소유권 없이는 어느 누구도 허위 거래를 게시할 수 없다. 암호화폐를 거래하는 사람은 토큰을 받을 주소를 나타내는 "공개" 키 하나와 보관 중인 토큰을 잠금 해제하고 사용하는 데 이용하는 "개인" 키를 갖고 있다. 이와 동일한 유형의 암호화가 인터넷을 사용할 때 신용카드 정보 및 데이터를 보호하는 데 사용된다. 단일 계정은 토큰을 "이중 지출(double spend)"할 수 없는데, 그 이유는 원장은 주어진 시간에 잔액에 대한 감사(audit)

를 계속하고 있고, 잘못된 거래는 성사되지 않기 때문이다. 중앙집중적인 통제 없이 이중 지출을 방지하는 능력은 기본 원장을 유지하기 위하여 블록체인을 사용하는 것의 주요 이점을 보여준다.

초기 암호화폐 모델은 비트코인 블록체인으로 중개자나 검열 없이 실시간으로 전 세계에 걸쳐 비트코인을 저장하고 거래할 수 있는 기능을 갖고 있으며, 거의 독점적으로 지불 네트워크 역할을 하고 있다. 이것은 비트코인에 가치를 부여하는 강력한 가치제안이다. 이렇게 비트코인의 네트워크 효과가 강력함에도 불구하고, 암호화폐 분야의 일부 경쟁자들은 향상된 기능을 제공한다.

스마트 계약 플랫폼(Smart Contract Platform)

디파이의 핵심 요소는 비트코인과 같은 단순한 결제 네트워크 기능을 뛰어넘어 체인의 기능을 강화하는 스마트 계약 플랫폼이다. 이더리움이 대표적인 예이다. 스마트 계약은 그것이 속한 블록체인상에서 임의의 데이터나 토큰을 생성하고 변환할 수 있는 코드이다. 스마트 계약 플랫폼은 사용자로 하여금 모든 유형의 거래에 대한 규칙을 신뢰 없이 인코딩할 수 있게 하며, 특수기능을 사용하여 희소자산을 생성할 수도 있게 하는 강력한 기능을 갖고 있다. 전통적인 비즈니스 계약의 많은 조항들이 스마트 계약으로 전환될 수 있으며, 스마트 계약은 해당 조항들을 열거할 뿐만 아니라 알고리즘적으로 시행하게 한다. 위와 같은 특성을 지닌 스마트 계약은 금융뿐만 아니라 게임, 데이터 관리 및 공급망 등에서 사용될 수 있다.

이더리움은 모든 거래에 대해 가스비(gas fee)를 부과하는데, 이는 자동차를 운전할 때 일정량의 연료(gas)를 소모하는 방식과 유사한 것으로 이더리움 거래는 비용을 발생시킨다. 이더리움을 많은 응용 프로그램(예: 스마트 계약)들을 갖고 있는 하나의 거대한 컴퓨터로 상상해 보라. 사람들이 이 컴퓨터를 사용하려면, 각각의 계산단위당 비용을 지불해야 한다. ETH 전송과 같은 간단한 계산은 몇 개의 계정 잔액들을 업데이트하는 최소한의 작업이 필요하므로 상대적으로 적은 가스비가 부과된다. 토큰들을 주조하거나(minting tokens) 많은 스마트 계약들에서 다양한 조건들을 확인하는 복잡한 계산에는 더 많은 가스가 필요하므로 더 높은 수수료가 부과된다. 그러나 이런 가스비는 열악한 사용자 경험으로 이어질 수 있다. 가스비는 에이전트들로 하여금 ETH 잔액을 유지하여 비용을 지불하도록 하고, 초과지불 또는 과소지불 등을 걱정하게 만들어 거래가 전혀 발생하지 않게 만들 수도 있다. 따라서 최종 사용자의 가스비를 완전히 없애기 위한 이니셔티브가 진행 중이다. 이러한 가스의 개념을 완전히 제거한 경쟁 체인들도 있다.

하지만 가스는 코드의 무한 루프를 생성하는 시스템 공격을 방지하기 위한 기본 메커니즘이다. 컴퓨터학에서 공식적으로 정지문제(halting problem)로 알려진, 무한 루프를 생성하는 것과 같은 악성 코드를 실행하기 전에 식별하는 것은 실현 불가능하다. 자동차에 자동운전장치가 설치되어 있고, 운전자 없이 전속력으로 달리고 있는 자동차를 가정해 보라. 연료는 제한요소로 작용할 것이고, 자동차는 연료 탱크가 비면 결국 멈출 것이다. 같은 방식으로 가스비는 무한 루프를 생성하는 시스템 공격에 엄청난 비용을 발생시켜 이더리움 블록체인을 보호한다. 더 적은 리소스를 사용하고 사용자 실패 확률을 줄이는 계약들이 시장에서 사용되고 성공할 가능성이 훨씬 더 높기 때문에 가스비의 존재는 매우 효율적인 스마트 계약 코드를 사용하게 하는 인센티브로 작용한다.

스마트 계약 플랫폼에서는 다양한 애플리케이션들을 통합하려는 열망을 갖고 있는 개발자들이 쉽게 처리할 수 있는 것 이상의 가능성들이 빠르게 확장된다. 이는 다양한 유형의 기능에 대한 표준 인터페이스의 채택으로 이어진다. 이더리움에서 이러한 표준사양들을 ERC(Ethereum Request for Comments, 이더리움 논평 요청서)라고 한다. 이들 중 가장 잘 알려진 것은 유사한 작용을 하는 다양한 유형의 토큰들을 규정한다. ERC-20은 대체 가능한 토큰에 대한 표준으로 유틸리티 및 기능 면에서 단위가 동일한 토큰에 대한 인터페이스를 규정한다.[2] 이 표준사양은 사용자 잔액의 일부분을 사용하기 위해 토큰의 단위들을 이전하고 운영자를 승인하는 등의 행위를 포함한다. 또 다른 하나는 대체 불가능한 토큰(NFT) 표준인 ERC-721로, 유일무이한 수집품이나 P2P 대출과 같은 자산에 자주 사용된다. 이러한 표준사양의 이점은 애플리케이션 개발자가 하나의 인터페이스에 대해 코딩할 수 있고, 해당 인터페이스를 구현하는 모든 가능한 토큰을 지원할 수 있다는 것이다. 이러한 인터페이스에 대해서는 나중에 더 자세히 논의할 것이다.

오라클(Oracles)

블록체인 프로토콜의 흥미로운 문제는 블록체인들이 그들의 원장 밖의 세상과 격리되어 있다는 것이다. 즉 이더리움 블록체인은 이더리움 블록체인상에서 무슨 일이 일어나는지 권위적으로 알고 있지만, 그 외의 일들, 예를 들면 S&P 500 인덱스 수준이나 슈퍼볼에서 어느 팀이 우승했는지 등은 모른다. 이러한 한계는 애플리케이션들을 이더리움상의 계약 및 토큰에서만 작동하게 제한하며, 따라서 스마트 계약 플랫폼의 유용성을 감소시킨다. 일반적으로 이 문제를 오라클 문제(oracle problem)라 한다. 스마트 계약 플랫폼의 맥락에서 오라클은 블록체인 외부의 정보를 보고하기 위한 어떤 데이터 소스이다. 어떻게 하면 오프체인 정보에 대해 신뢰 손상을 최소화하는 방식으로 권위적으로 말할 수 있는 오라클을 만들 수 있을까? 많은 애플리케이션들은 오라클을 필요로 하며, 그것을 구현하는 데 다양한 수준의 중앙집중화가 나타난다.

다양한 디파이 애플리케이션들에는 여러 가지 오라클들이 구현되어 있다. 일반적인 접근방식은 애플리케이션이 자체 오라클을 실행하거나 신뢰할 수 있는 플랫폼에 존재하는 기존 오라클에 연결하는 것이다. 체인링크(Chainlink)로 알려진 이더리움 기반 플랫폼은 데이터 소스들의 집합을 사용하여 오라클 문제를 해결하도록 설계되어 있다.[3] 체인링크 백서(white paper)는 평판 기반 시스템을 제안한다. 오라클 문제는 나중에 더 자세히 논의하겠다.[4] 오라클은 분명 디파이가 자체의 고립된 체인을 넘어 효용성을 달성하기 위한 개방형 설계로 발전할 수 있는지에 대한 질문이자 도전이다.

스테이블코인(Stablecoins)

많은 암호화폐의 결정적인 단점은 변동성이 너무 크다는 것이다.

이는 디파이 응용 프로그램을 활용하기를 원하지만 ETH와 같은 변동성이 큰 자산에 대한 위험감수 성향이 적은 사용자들에게 마찰비용(friction)을 가중시킨다. 이를 해결하기 위해 스테이블코인으로 분류될 수 있는 암호화폐들이 등장했다. 예를 들어, 미국 달러(USD)나 금과 같은 목표 자산과 가격 균등성을 유지하기 위한 목적으로, 스테이블코인들은 투자자들이 많은 디파이 응용 프로그램들에 참여하고 암호화폐 고유의 솔루션을 제공하여 변동성이 높은 암호화폐 자산들에 대한 포지션을 정리하는 데 필요한 일관성을 제공한다. 스테이블코인들은 대상 자산(예: 금, 주식, 상장지수펀드(ETF))이 기반이 되는 블록체인에 고유하지 않은 경우라도 오프체인 자산의 수익률에 대한 온체인 노출을 제공하는 데 사용될 수 있다. 스테이블코인의 가격을 연동시키는 메커니즘은 실행방법에 따라 다르다. 세 가지 주요 가격 연동 메커니즘에 따라 명목화폐 담보, 암호화폐 담보 및 비담보 스테이블코인이 있다.

지금까지 규모가 가장 큰 종류의 스테이블코인은 명목화폐 담보 코인들이다. 이 코인들은 대상 자산의 오프체인 적립금으로 뒷받침된다. 일반적으로 이 코인들은 담보물의 존재를 검증하기 위해 통상적인 감사를 실행하는 하나의 기관 또는 복수의 기관들에 의해 관리된다. 가장 규모가 큰 명목화폐 담보형 스테이블코인은 테더(Tether, USDT)인데, 본 책을 쓸 당시 기준으로 시가총액이 620억 달러로 비트코인과 이더리움에 이어 세 번째로 큰 암호화폐이다.[5] 또한, 테더는 어떤 암호화폐보다 많은 거래량을 갖고 있지만, 감사를 받지 않는다.[6] 두 번째로 규모가 큰 명목화폐 담보형 스테이블코인은 USDC이며,[7] 보유 중인 미국 달러(USD)는 정기적으로 감사를 받는다. USDC는 코인베이스(Coinbase) 거래소에서 미국 달러로 1:1로 수수료 없이 교환할 수 있으며, 그 반대의 거래도 마찬가지이다. 스테이블코인 투자기회에 대한 수요가 높은 만큼 디파이 프로토콜들에 접목할 수 있는 USDT와 USDC의 인기는 높다. 그러나 이런 토큰들은 내재된 위험이 있는데, 스테이블코인들은 중앙집중식으로 제어되고 계정을 블랙리스트에 올릴 수 있는 권한을 갖고 있기 때문이다.[8]

두 번째로 규모가 큰 종류의 스테이블코인들은 담보가 암호화폐인데, 이는 가치보다 더 적립된 다른 암호화폐에 의해 뒷받침된다. 이 코인들의 가치는 메커니즘에 따라 기초자산에 하드 페그(hard peg) 또는 소프트 페그(soft peg)되어 있다.* 본 책이 쓰여질 당시에 시가총액이 50억 달러에 달하는 가장 인기 있는 암호화폐 담보 스테이블코인은 DAI였는데, 이 코인은 MakerDAO에 의해 만들어졌으며, ETH와 다른 암호화폐 자산들에 의해 뒷받침된다.[9] 이 코인은 가격을 1달러로 접근시키기 위해 공급과 수요를 장려하는 경제적 메커니즘과 함께 소프트 페그되어 있다. 이 책의 제6장에서 MakerDAO와 DAI에 대해서 자세히 다룰 예정이다. 또 다른 인기 암호화폐로 담보 스테이블코인인 sUSD는 SNX(Synthetix network token) 거래소 기능을 통해 1달러에 하드 페그되어 있다.[10] 암호화폐 담보 스테이블코인들은 탈중앙화와 담보 확보라는 장점들을 갖고 있다. 단점은 이 코인들의 확장성이 제한적이라는 것이다. 더 많은 스테이블코인을 발행하기 위해서 사용자는 반드시 과다 담보 채무 포지션에 의해 그 발행을 뒷받침해야 한다. DAI와 같은 경우

---

* [역자 주] 코인과 기초자산의 교환비율에 관한 개념으로 환율과 비교해 생각해 보면 쉽게 이해할 수 있는데, 하드 페그는 고정환율제이고, 소프트 페그는 고정환율제와 변동환율제의 중간 개념이다.

에는 부채 상한선이 코인 공급의 증가를 더욱 제한한다.

마지막으로, 아마도 가장 흥미로운 종류의 스테이블코인들은 비담보 코인이다. 어떤 기초자산에 의해 뒷받침되지 않고 알고리즘 확장과 공급 수축을 이용하여 가격을 페그(peg, 연동가격)에 근접하도록 만들기 때문에, 이 코인들은 수요가 늘면 플랫폼 내의 토큰 보유자들이 공급 증가를 받는 시뇨리지 모델(seigniorage model)을 종종 사용한다. 수요가 감소하고 가격이 페그 이하로 하락할 때, 이 플랫폼들은 토큰 보유자가 자신의 몫을 받기 전에 보유자에게 미래의 확장적 공급을 받을 권리를 부여한다. 이러한 메커니즘은 명목화폐와 관련하여 중앙은행이 하는 역할과 거의 동일한 작용을 하지만, 이러한 플랫폼들은 정부 지출이나 다른 경제적 목적을 달성하기 위해 자본을 공급하는 중앙은행과는 다르게 가격을 연동시키는 명시적인 목표를 갖고 있다는 점을 주의 깊게 볼 필요가 있다. 알고리즘 스테이블코인의 초기 예는 규제장벽 때문에 폐지되었던 Basis이다.[11] 현재 알고리즘 스테이블코인들의 예로는 Ampleforth(AMPL)[12]와 Empty Set Dollar(ESD)[13]가 있다. 비담보 스테이블코인들의 단점은 토큰 교환을 뒷받침하는 고유한 기본 가치가 부족하다는 것이다. 코인의 가치가 축소되는 상황에서는 많은 보유자들이 더 이상 연동 가격의 가치가 없는 토큰을 대량으로 보유하게 되는 "뱅크런(bank runs)"으로 이어질 수 있다.

효율적으로 확장할 수 있고, 가격 축소 상황에서는 붕괴로 이어지지 않도록 할 수 있는 탈중앙화된 스테이블코인을 만드는 데는 여전히 해야 할 많은 작업과 극복해야 할 규제상의 어려움이 있다.[14] 스테이블코인들은 사용자들로 하여금 불필요한 가격변동 위험을 감내하지 않고 애플리케이션의 기능으로부터 이익을 얻을 수 있도록 해주기 때문에 디파이 인프라의 중요한 구성요소이다.

탈중앙화 애플리케이션(Decentralized Applications)

앞서 언급했듯이, 댑스는 디파이의 중요한 구성요소이다. 댑스는 탈중앙화된 스마트 계약 플랫폼 위에서 작동한다는 것을 제외하면 전통적인 소프트웨어 애플리케이션들과 같다. 이런 애플리케이션(dApp)의 주요한 이점은 허가를 받을 필요도 없고, 검열에도 저항한다는 점이다. 어느 누구나 이런 애플리케이션들을 사용할 수 있고, 특정 인물이나 기관이 이를 통제할 수 없다. 별도의 관련된 개념으로 탈중앙 자율조직(decentralized autonomous organization, DAO)이 있는데, 누가 어떤 행동이나 업그레이드를 실행할 수 있는지를 결정하는 스마트 계약에서 인코딩된 운영규칙을 가지고 있다. DAO는 일종의 "거버넌스 토큰(Governance Token)"을 갖고 있는 것이 일반적인데, 이 토큰은 소유자에게 미래 결과에 대한 일정 비율의 투표권을 부여한다. 거버넌스에 대해서는 나중에 더 자세히 알아보겠다.

IV

디파이 기본요소

DeFi Primitives

앞 장에서 디파이의 기본구조를 자세히 설명하였으므로 이 장에서는 개발자가 보다 복잡한 댑스(dApps)를 개발하는 데 사용할 수 있는 기본적인 재무활동을 설명하고 각각이 중앙화된 활동과 대비하여 어떤 장점이 있는지를 살펴보고자 한다.

거래(Transactions)

이더리움 거래는 디파이와 이더리움 그 자체의 가장 기본이 되는 요소이다. 거래는 데이터 또는 이더리움과 같은 토큰을 한 주소에서 다른 주소로 보내는 것이다. 이 섹션에서 설명하는 각 기본요소를 포함한 모든 이더리움의 상호작용은 거래로부터 시작된다. 따라서 거래가 작동하는 방식은 이더리움과 디파이 전반을 이해하는 데 매우 필수적인 부분이다.

이더리움 사용자는 외부소유계정(externally owned account, EOA)이나 스마트 계약 코드인 계약계정(contract account)을 통해 주소를 관리할 수 있다. 외부소유계정(EOA)으로 보내지는 거래는 이더리움만 보낼 수 있다.[1] 비트코인에서는 모든 주소가 외부소유계정이다. 반면에 이더리움에서는 계약계정으로 데이터를 보낼 수 있으며 보내진 데이터는 계약의 특정 프로그램 코드를 수행하는 데 사용될 수 있다. 이때 그 거래는 이더리움의 지불을 수반할 수도 있고 그렇지 않을 수도 있다.

단일 거래는 외부소유계정의 최종 사용자로부터 시작되지만 거래가 완료되기 전에 수많은 댑스(dApps) 또는 이더리움 스마트 계약과 상호작용할 수 있다. 거래는 단일 계약과 상호작용하여 시작되며 전체 계약 내에서 필요한 모든 중간 단계를 거치게 된다.

스마트 계약의 단서조항은 거래가 실패하면 거래의 이전 단계를 모두 되돌릴 수 있다는 것이며, 결과적으로 거래는 매우 작은 단위인 아토믹(atomic)으로 구성된다. 이러한 원자성(atomicity)은 거래의 핵심적인 요소로서 자금이 수많은 계약과 교환을 통해 이동할 수 있게 하는 신뢰성과 안전성을 가지는데, 이는 단 하나의 계약조건이라도 충족되지 않으면 마치 자금이 처음 출발점을 떠난 적이 없는 것처럼 모든 계약조건을 되돌려 초기화되기 때문이다.

거래에는 거래의 복잡성에 따라 변동하는 가스비(gas fee)가 있다는 것을 기억해야 한다. 예를 들어, 채굴자를 거래에 참여시키거나 보상하는 데 이더리움이 사용되는 경우 가스비는 상대적으로 낮으나, 데이터 집약적인 거래가 길거나 더 많아지면 가스비가 더 많이 소요된다. 어떤 이유로든 거래가 취소되거나 가스가 부족하면 채굴자는 해당 시점까지 사용된 모든 가스비를 몰수한다. 이

몰수조항 없이는 위약거래로 채굴자가 손해를 보는 것을 방지할 수 없다.

가스비는 시장에서 결정되며 실질적으로 다음 이더리움 블록에 누가 포함될지를 결정하는 경매가 이루어지게 한다. 높은 가스비는 강한 수요가 있다는 것을 의미하며 다음 블록에 포함될 가능성을 높여준다.

기술적인 측면에서 거래는 블록에 추가되기 전의 멤풀(memory pool 또는 mempool)을 구성한다. 채굴자는 이러한 기록된 거래를 감시감독하며 자신의 멤풀에 추가하고 다른 채굴자와 정보를 공유하여 다음 블록에 추가되게 한다. 만약 가스비가 그 멤풀에 있는 다른 거래의 가스비에 비해 높다면 그 거래는 차후의 블록에 추가되도록 연기될 것이다.

모든 시장 참여자는 채굴 노드(mining node)를 실행하거나 접속함으로써 멤풀에 있는 거래를 확인할 수 있다. 이러한 가시성(visibility)은 채굴자가 보다 진보된 프런트 러닝(front-running)* 이나 경쟁적 기술을 통해 거래활동에서 수익을 창출하는 데 도움을 줄 수 있다. 전통적인 중앙집중적인 금융에서와 달리 모든 정보가 공개되므로 이러한 프런트 러닝은 합법적이다. 채굴자가 멤풀의 거래를 미리 볼 수 있으면 거래를 직접 실행하거나 프런트 러닝하여 이익을 얻을 수 있다. 블록을 획득할 수 있는 채굴자는 이러한 이익을 추구하려 할 것이다. 이러한 프런트 러닝을 활용하여 수익을 추구하는 대표적인 예가 채굴자 (최대)추출 가능가치(Miner/

* [역자 주] 프런트 러닝(front-running)은 주식이나 파생상품 등의 금융상품 거래에서 가격에 영향을 미칠 수 있는 대규모 미실현 거래에 대한 비공개 사전 정보를 이용하여 수익을 취하는 불법적인 거래행위이다.

Maximum Extractable Value, MEV)이다.* 채굴자 추출 가능가치는 작업증명 모형(proof-of-work model)의 취약점으로 간주되며 계약 순서를 바꾸기 어렵게 하거나 거래의 가시성을 제한하는 방법으로 프런트 러닝 문제를 어느 정도 해결할 수 있겠지만 아직까지 완벽한 방안은 없는 것으로 보인다.

대체가능토큰(Fungible Tokens)

대체가능토큰은 하나의 토큰을 다른 토큰으로 대체하는 것이 가능한 암호화폐로, 이더리움과 디파이의 가치를 창출하는 기반이 된다. 개발자는 이더리움을 기반으로 특정 세분화된 단위로 나눌 수 있는 동일하고 교환 가능한 토큰을 개발할 수 있다. 예를 들어 100달러 지폐는 1달러 지폐 100개와 동일한 가치를 지니므로 대체가능토큰이다. 제3장에서 언급하였듯이 이더리움 ERC-20[2]은 대체가능토큰이다. 즉 이더리움 1개는 다른 이더리움 1개로 대체가 가능하다. 개발자에게 ERC-20과 같은 인터페이스는 여러 기능의 집합이다. 특정 토큰에 ERC-20 인터페이스를 구현하면 특정 기능을 수행하는 앱이 토큰과 즉각적이고 원활하게 통합될 수 있으므로 앱 개발자는 ERC-20과 유사한 인터페이스를 사용하여 새로운 토큰을 개발할 수 있다.

* [역자 주] 채굴자 추출 가능가치는 채굴자가 블록에 포함되기 전의 거래를 보고 계약의 순서를 바꾸거나 추가 계약을 삽입하거나 계약수행을 방해하여 얻을 수 있는 수익을 의미한다. 채굴자 추출 가능가치의 존재는 시장 참여자들로 하여금 높은 가스비를 지불하게 하는 원인이 된다.

ERC-20 인터페이스는 다음의 핵심 기능을 가지고 있다.

- totalSupply() – 토큰의 총발행량
- balanceOf(account) – 특정 계정에 있는 토큰 잔액
- transfer(recipient address, amount) – 거래의 발신자로부터 "수신자의 주소"로 특정 "금액"의 토큰 송금
- transferFrom(sender address, recipient address, amount) – "발신자의 주소"에 보관된 토큰의 잔액에서 "수신자의 주소"로 특정 "금액"의 토큰을 송금
- approve(spender, amount) – "지출자"가 계정 소유자를 대신하여 특정 "금액"의 토큰을 사용하는 것을 승인
- allowance(owner address, spender address) – "지출자의 주소"가 "소유자의 주소"를 대신하여 지출할 수 있도록 허용한 토큰의 수를 표시*

계약에서는 불충분한 잔고 또는 허용되지 않은 지출과 관련된 송금이 거부된다. 처음의 네 가지 기능(토큰의 총발행량, 잔액 및 토큰 송금)은 직관적이고 예상할 수 있는 기능이다. 마지막 2개의 기능(승인 및 허용)은 ERC-20 인터페이스의 잠재력을 이해하는 데 매우 중요하다. 이러한 기능이 없으면 사용자는 계정에서 직접 토큰을 송금하는 것이 제한된다. 승인 기능을 사용하면 토큰 잔액을

---

* [역자 주] 허용 기능으로 누군가가 시스템을 속이고 본인이 소유한 것보다 더 많은 토큰을 보내고자 하는 상황일 때, 허용 기능 덕분에 사용자들은 자신들이 가진 것보다 더 많은 토큰을 보낼 수 없다. 거래가 이루어지면 취소된다. 모든 거래는 거래가 실행되기 전에 유효한지 이중으로 확인된다.

직접 보유하지 않고도 사용자 토큰의 관리자 역할을 하도록 계약 또는 신뢰할 수 있는 계정을 화이트리스트에 추가할 수 있다. 이렇게 하면 승인된 지출자가 거래를 실행하기 전에 사용자가 토큰을 온전히 수탁(custody)하고 있으므로 이러한 기능을 활용하여 개발 가능한 앱의 범위를 넓힐 수 있다.*

ERC-20 토큰의 주요 범주는 다음의 세 가지가 있지만 하나의 토큰이 둘 이상의 범주에 동시에 포함될 수 있다.

에쿼티 토큰(Equity Token)

에쿼티 토큰은 재무에서 흔히 사용하는 자기자본이나 주식 또는 주가와 연동하도록 설계된 토큰과는 다른 의미를 가진 토큰으로, 기초자산이나 여러 자산의 집합에 대한 소유권을 표시한다. 하지만 블록체인 기술을 활용하여 에쿼티 토큰의 발행 및 소유권에 대한 증명 그리고 투표를 통한 주권의 행사가 가능하므로 사실상 주식과 유사한 개념으로 쓰이며, 따라서 증권 토큰(security token)의 한 종류로 볼 수 있다. 각 토큰의 단위는 대체 가능해야 하며 따라서 전체 토큰 풀에서 동일한 몫을 가져야 한다. 예를 들어 TKN이라는 토큰의 총 고정 공급량이 10,000개이고 이를 특정 스마트 계약에서 100 이더리움과 등가라고 한다면 100 TKN/1 ETH의 고정 비율로 TKN 한 단위를 이더리움으로 교환할 수 있다. 이 예를 더 확장하여 이 계약 풀에 있는 이더리움이 매년 5%씩 증가한다면

---

* [역자 주] 암호화폐 수탁 서비스(custody service)란 제3자인 제공업체가 제공하는 토큰을 위한 스토리지(wallet) 및 보안 서비스를 말한다. 이 서비스는 주로 암호화폐를 많이 보유하고 있는 기관투자자를 대상으로 하며 주 목적은 암호화폐 자산의 보호에 있다.

100 TKN은 1/0.05 ETH(=20 ETH)로 교환할 수 있다. 이렇듯 TKN의 가치는 시장에서 결정될 것이다.

실제 에쿼티 토큰의 자산 풀에는 고정된 자산 금액이나 고정금리 이상의 훨씬 더 복잡한 메커니즘이 포함될 수 있다. 사실상 스마트 계약에 인코딩할 수 있는 모든 것이 포함될 수 있다. 제6장에서는 변동금리로 이루어진 토큰(Compound token)과 복잡한 수수료 구조를 가진 복합자산 풀인 유니스왑(Uniswap)을 소유한 계약을 검토하고 정적 또는 동적인 자산을 보유한 에쿼티 토큰을 만들기 위한 표준 인터페이스인 Set 프로토콜에 대해서도 설명할 것이다.

유틸리티 토큰(Utility Tokens)

유틸리티 토큰은 사용자에게 제품이나 서비스 사용에 대한 권리를 주는 것으로, 앱 토큰(app token) 또는 사용자 토큰(user token)이라고도 한다. 유틸리티 토큰은 모든 것을 담을 수 있는 토큰으로 스마트 계약의 특정 기능을 사용할 때나 스마트 계약에 의해 정의된 내재적 가치를 나타내는 대체가능토큰이다. 많은 경우에 있어서 유틸리티 토큰은 개발자가 의도한 희소성이나 인센티브로 생성된 생태계에서 작동한다.* 경우에 따라서는 ETH를 대신 사용할 수도 있지만, 유틸리티 토큰은 이더리움과 분리된 경제적 가치를 부가

* [역자 주] 서비스를 제공하는 플랫폼의 소유권은 유틸리티 토큰의 개발자에게 귀속된다. 블록체인 개발자는 유틸리티 토큰의 ICO로 자금을 조달하고 참여자는 해당 서비스 내에서 영향력을 행사할 권리를 얻는다. 유틸리티 토큰은 회원권과 유사하여 정해진 서비스를 이용할 권리가 주어진다. 유틸리티 토큰은 투자를 목적으로 설계된 것은 아니나 공급이 한정된 상태에서 수요가 늘어나고 생태계의 규모가 커지면 토큰의 가격도 상승할 수 있다.

하고 유지할 수 있도록 한다. 예를 들어 토큰의 공급이 알고리즘적으로 변동되는 시스템을 만들려면 고유한 유틸리티 토큰이 필요하다. 이러한 내용은 이 장의 후반부에서 더 깊이 설명할 것이다.

유틸리티 토큰은 담보(예를 들어 SNX)로 사용되거나 평판 또는 지분(예를 들어 REP, LINK)을 나타낼 수 있다. 또한 기초자산에 연계되거나 페그(peg)되어 안정적인 가치를 유지(예를 들어 DAI, Synthetix Synth)하거나, 앱에 연관된 수수료(예를 들어 ZRX, DAI, LINK)를 지불할 때 사용될 수 있다. 이 경우의 유틸리티 토큰에는 명목화폐나 담보화된 암호화폐 또는 알고리즘의 모든 스테이블코인(stablecoins)이 포함된다. USDC는 명목화폐인 USD에 담보화된 스테이블코인이므로 그 가치를 지지하는 추가적인 스마트 계약 인프라 없이도 자체적으로 작동한다. USDC의 가치는 Coinbase를 포함한 후원회사가 USD에 대한 상환을 약속함으로써 보장된다.

유틸리티 토큰에는 여기서 언급한 몇 가지보다 훨씬 더 많은 가능성이 있다. 새로운 경제 및 기술 메커니즘이 등장함에 따라 혁신으로 이 토큰의 활용 범주가 확장되어 갈 것이다.

거버넌스 토큰(Governance Tokens)

거버넌스 토큰은 지분율을 표방한다는 측면에서 에쿼티 토큰과 유사하다. 하지만 에쿼티 토큰은 자산에 대한 분배권을, 그리고 거버넌스 토큰은 의사결정에 관한 투표권을 가진다는 차이가 있다.*

* [역자 주] 거버넌스 토큰은 모든 참여자가 주체가 되어 이익을 공유하고 정책에 참여하는 것이 특징으로, 토큰을 보유한 이들은 모두 플랫폼에서 의결권을 행사할 수 있으며 모든 주요 사업방향에 관여할 수 있고 참여로 인한 이익을 함께 공유받을 수 있다.

다음에서는 소유자가 투표할 수 있는 변경의 종류에 대해 알아보고자 한다.

많은 스마트 계약에는 시스템이 어떻게 변경될 수 있는지를 규정하는 내재된 조항이 있다. 예를 들어 시스템의 변경이 허용되는 것은 매개변수의 조정, 새로운 구성요소의 추가 또는 기존 구성요소의 기능을 변경하는 것이 포함될 수 있다. 사용자가 오늘 이용하는 계약이 내일 변경될 수도 있다는 것을 의미하는 시스템의 변경 능력은 강력한 것이다. 경우에 따라서는 이러한 특권을 스스로 인코딩하는 개발자만 플랫폼을 변경할 수 있는 관리자가 될 수도 있다.

이러한 관리자 제어기능이 있는 모든 플랫폼은 중앙화된 통제로 인해 실질적으로는 디파이가 아니라고 할 수 있다. 반면에 변경의 여지가 없는 계약은 필연적으로 엄격하며 코드의 버그를 제거하거나 변화하는 경제적 또는 기술적 상황에 적응할 방법이 없다. 이러한 이유로 많은 플랫폼은 거버넌스 토큰을 이용하여 탈중앙화 방향으로 업그레이드를 실행하고자 한다.

거버넌스 토큰의 소유자는 플랫폼을 지배하는 스마트 계약에 의해 허용되는 변경을 이행하기 위한 비례 투표권을 갖게 된다. 투표의 구체적인 방법과 탈중앙 자율조직(DAO)은 제5장에서 다룰 예정이다.

거버넌스 토큰은 여러 가지 방법으로 구현할 수 있다. 우선 토큰의 공급량이 고정되어 있는 경우에는 구입한 토큰은 구매비율만큼 투표권을 가질 수 있다. MakerDAO에 대한 MKR 토큰은 공급이 변동 없이 고정되어 있다. 제6장에서 MakerDAO의 정의와 구현을 탐색하고자 한다.

많은 경우 거버넌스 토큰은 플랫폼의 사용을 장려하기 위해 사용자가 플랫폼의 기능을 사용하면 추가적으로 토큰이 사용자에게 직접 배포되는 방식으로 발행한다. Compound의 COMP 토큰은 이러한 방식으로 발행된 거버넌스 토큰이다(제6장 참조). 디플레이션 방식에서는 거버넌스 토큰을 유틸리티 토큰처럼 사용하여 플랫폼에 수수료를 지불하는 방식으로 소각(burn)하여 토큰 공급을 줄인다. 이전 버전의 플랫폼에서 MakerDAO의 MKR 토큰은 이러한 방식으로 발행되었다.

대체불가토큰(Non-Fungible Tokens, NFT)

이름에서 알 수 있듯이 대체불가토큰(NFT)은 다른 토큰과는 상이하다.

NFT 표준(Standard)

이더리움 네트워크에서는 ERC-721 토큰[3]이 대체불가를 정의하는 표준이다. ERC-20에서는 모든 ID가 단 하나의 잔고로 저장되어 있는 반면에 ERC-721에서는 블록체인에 저장된 데이터 단위가 고유한 ID로 다른 메타데이터에 연결되어 같은 계약에서 유래된 다른 토큰들과 차별화된다.* 이때 balanceOf(address) 함수는 주어진

* [역자 주] ERC-721에서 고유한 ID는 사진, 비디오, 오디오 및 기타 유형의 디지털 파일과 같은 메타데이터에 연결되어 가상의 진품증명서 역할을 하므로 대체불가능하고 사본은 인정되지 않는다. 이러한 메타데이터의 사본은 누구나 얻을 수 있지만 NFT는 블록체인에서 추적되어 소유자의 저작권과 소유권을 증명한다. 대부분의 NFT는 이더리움 블록체인의 일부이나 다른 블록체인 또한 자체

계약에서 그 주소에 있는 NFT의 총 수를 나타낸다. ownerOf(id) 함수는 ID로 표시한 특정 토큰 소유자의 주소를 의미한다. 따라서 ERC-721은 고유 ID의 소유자를 추적할 수 있는 방법과 소유자가 자산을 다른 사람에게 양도할 수 있는 방법을 제공한다. 또 다른 중요한 차이점은 ERC-20이 운영자의 토큰 잔액의 일부의 사용을 승인할 수 있는 반면에 ERC-721은 전부 또는 전혀 사용하지 않는(all-or-nothing) 방식으로 작동한다. NFT를 사용하도록 허락된 운영자는 NFT를 자유롭게 이동시킬 수 있다.

NFT는 디파이에서 활용될 가능성이 많다. NFT는 "deeds"라고도 하며 단일 자산의 고유한 소유권을 나타내는 데 사용될 수 있다. 예를 들어 NFT는 특정 금리와 계약조건이 있는 P2P 대출의 소유권을 나타내는 데 사용할 수 있으며, ERC-721 인터페이스를 통해 그 소유권을 이전하고 판매할 수 있다. 또 다른 사례는 복권(lottery)으로 하나 또는 제한된 수의 표만 당첨되고 나머지는 쓸모없어지므로 NFT의 속성을 가진다. 또한 NFT는 예술품, 비디오, 음악 또는 심지어 트윗의 조각과 같은 수집품에 연결되어 디지털 자산을 상업화하는 데에도 사용될 수 있다. 또한 NFT는 게임 환경이나 다른 네트워크에서 희귀 아이템을 나타내며 NFT 유통시장에서 경제적 가치를 가지고 거래될 수 있다.

복수토큰 표준(Multitoken Standard)

다양한 블록체인을 지원하기 위해 특정 토큰이 만들어졌으며 여기에는 ERC-721과 최신 ERC-1155가 포함된다. ERC-20 및 ERC-721

버전의 NFT를 구현할 수 있다. NFT의 시장규모는 2020년에 2억 5천만 달러 이상에 도달했다.

토큰은 블록체인에 저장된 개별계약 및 주소가 필요한데, 이는 유사한 토큰을 많이 보유하고 있는 시스템의 복잡성을 증가시키는 문제가 있다. ERC-1155[4] 표준은 계약이 대체가능 및 대체불가 토큰을 포함하여 복수의 토큰을 가지는 모델을 정의하여 이러한 복잡성 문제를 해결한다. ERC-1155는 데이터를 실시간으로 처리하지 않고 모아서 일괄 판독 및 송금할 수 있게 하여 가스비를 절감하고 보다 원활한 사용자 경험을 제공한다. ERC-1155는 ERC-721과 마찬가지로 전부 또는 전혀 사용하지 않는(all-or-nothing) 방식으로 작동한다.

수탁(Custody)

디파이의 핵심적인 요소 중의 하나는 스마트 계약에서 자금을 수탁할 수 있는 능력이다. 이는 ERC-20에서 운영자가 사용자의 잔액을 송금하도록 승인하는 경우와는 다른 것이다. 이 경우 사용자는 여전히 자금을 수탁하고 있으며 언제든지 잔액을 송금하거나 계약의 승인을 취소할 수 있다. 스마트 계약에서 자금에 대한 완전한 수탁권이 보장된다면 다음과 같은 새로운 기능을 제공할 수 있다.

- 수수료 유지 및 인센티브 지급
- 토큰의 스왑(swap) 촉진
- 본딩커브(bonding curve)를 통한 시장조성 기능
- 담보대출
- 경매

• 보험기금

토큰을 효과적으로 보관하기 위해서는 대체불가토큰은 ERC-721을 그리고 대체가능토큰은 ERC-20을 통하여 해당 유형의 인터페이스를 처리하도록 계약을 프로그래밍해야 한다. 계약은 해당 인터페이스상의 또는 특정 하위 집합의 모든 토큰을 처리할 수 있다. 토큰이 계약으로 송금될 때 자금을 인출하는 인코딩된 메커니즘이 없는 경우에는 그 토큰은 수탁상태로 영구적으로 남게 된다. 이러한 잠재적인 문제를 완화하기 위해 토큰을 송금하는 경우 사용자는 그 계약이 송금을 지원하도록 등록되었는지 여부를 확인해야 한다.

공급조정(Supply Adjustment)

공급조정은 대체가능토큰에만 적용되며 스마트 계약을 통해 발행량을 주조(mint)하여 증가시키거나 소각(burn)하여 감소시키는 것을 의미한다. 이제 본딩커브(bonding curve)로 알려진 보다 복잡한 시스템을 통해 이러한 기본요소를 살펴보도록 하겠다.

소각(Burn): 발행량 감소(Reduce Supply)

토큰을 소각하는 것은 코인의 유통량을 영구적으로 없애는 과정을 말하며 이는 다음의 두 가지 방법으로 수행할 수 있다. (1) 수동으로 코인을 소유되지 않은 이더리움 주소로 보내거나, (2) 더 효율적으로는 지출이 불가능한 계약을 만드는 방식으로 소각한다.*

두 방법 모두 소각된 토큰을 영구적으로 사용불가로 만들지만 결과적인 유통량의 감소는 토큰 계약에서 알 수가 없다. 소각은 전통적인 금융에서 화폐의 손상이나 영구적 손실, 즉 낡은 지폐를 태우고 새 지폐로 대체되는 경우와 유사하다. 실제로 ETH나 ERC-20 토큰이 의도치 않은 실수로 소각되는 경우가 있을 수 있다. 체크섬(Checksum) 주소[5]와 레지스트리 계약(registry contract)[6]은 이런 실수를 방지하는 방안으로 제시되고 있는 것이다.

보다 일반적이고 유용한 방법은 스마트 계약 설계의 일부로 알고리즘을 이용하여 토큰을 의도적으로 소각하는 것으로, 다음의 이유로 코인을 소각한다.

- 풀(pool)의 종료를 나타내거나 에쿼티 토큰의 기초자산을 상환하기 위해 소각(제6장에서 논의할 Compound에서 사용하는 cTokens와 같은 에쿼티 토큰에서 일반적으로 사용)
- 희소성을 증가시켜 코인가격을 높이기 위해 소각(예를 들어, 제6장에서 설명할 Aave, Basis/ESD와 같은 기축통화 스테이블코인 모형)
- 나쁜 행동을 처벌하기 위해 소각

주조(Mint): 발행량 증가(Increase Supply)

소각의 반대 개념은 주조로 코인의 유통량을 증가시킨다. 소각과는 달리 실수로 또는 수작업으로 주조를 할 수 있는 방법은 없다.

---

* [역자 주] 암호화폐 지갑 주소로 전송된 암호화폐를 다시 사용하려면 지갑을 열 수 있는 개인 키를 알아야 하는데, 개인 키가 없으면 일체의 사용이 불가능하다. 이처럼 개인 키가 없는 지갑 주소는 코인을 받을 수만 있고 다시 꺼낼 수가 없기 때문에, 코인을 이런 지갑으로 보내면 사실상 해당 코인을 불에 태워서 소각한 것과 같은 효과가 생기게 된다.

모든 주조 메커니즘은 스마트 계약 메커니즘에 직접 인코딩되어야 한다. 다양한 사용자의 행동을 장려할 수 있으므로 주조에 대한 많은 적용 사례가 있으며 다음은 그 몇 가지 예이다.

- 사용자가 풀(pool)에 입장하여 해당 소유권을 획득하는 경우 (cTokens와 같은 에퀴티 토큰에서 일반적으로 사용)
- 코인의 공급 증가로 희소성을 감소시켜 가격하락을 유도 (Basis/ESD와 같은 기축통화 스테이블코인 모형)
- 사용자 행동에 대한 보상 지급

공급 증가를 통해 사용자의 행동을 보상하는 방법은 유동성을 공급하거나 특정 플랫폼 사용을 장려하기 위해 많이 사용된다. 디파이에서는 유동성을 공급한 사용자에게 그 대가로 토큰을 보상해 주며 이를 이자농사(yield farming)라고 한다. 따라서 이러한 관행은 많은 사용자가 가능한 한 가장 높은 보상을 추구하는 이자농사를 하도록 유도한다. 플랫폼은 네트워크에서 추가적인 가치를 생성하는 토큰을 발행하여 네트워크를 증폭시킬 수 있다. 플랫폼의 사용자는 토큰을 보관하거나 네트워크에서 사용하거나 또는 이익을 보고 판매할 수도 있다. 어느 쪽이든 플랫폼에서 토큰을 사용하면 일반적으로 활동이 증가한다.

본딩커브(Bonding Curve): 공급가격 결정(Pricing Supply)

본딩커브는 토큰을 예치(bonding)하고 곡선(curve)에 따라 새로운 토큰을 지급받는 것으로, 토큰의 공급량과 토큰을 구매하기 위해 사용하는 자산의 가격관계를 나타내는 함수이다. 가격함수는 수학

공식이나 여러 단서조항이 달린 알고리즘으로 정의된다.*

선형 본딩커브의 예로 TKN을 대체가능 가상화폐인 ETH로 가격이 표시된 토큰의 가격이라고 하고 S를 TKN의 공급량이라고 하자. 가장 단순한 본딩커브는 TKN=1(또는 상수)일 것이다. 이 경우 1개의 TKN에 1개의 ETH가 연동(peg)되도록 알고리즘이 작동할 것이다. 다음으로 선형 본딩커브가 m의 기울기와 b의 절편을 가지게 설계할 수도 있다. 이 경우 가격(TKN)=mS+b로 결정된다. 만약 m=1이고 b=0일 때 첫 번째 TKN을 구매하려면 1 ETH를 지불해야 하고 두 번째 TKN을 구매하려면 2 ETH를 지불해야 한다. 따라서 단조 증가(monotonically increasing) 본딩커브는 초기 투자자에게 보상이 이루어진다. 이는 TKN에 대한 추가적인 수요가 있는 경우 이전 투자자는 본딩커브상의 더 높은 가격으로 TKN을 매각할 수 있기 때문이다([그림 4.1]).**

* [역자 주] 유동성이 부족한 자산은 거래하는 데 비용(시간이나 슬리피지)이 많이 발생한다. 토큰은 활발하게 거래될 때 네트워크가 지속 가능한 생태계를 형성할 수 있다. 유동성 공급을 하는 방법은 여러 가지가 있으나 스마트 계약을 이용해 자동화된 유동성 공급을 할 수도 있다. 블록체인상에서 사용하는 토큰은 프로그램 가능한 화폐(programmable money)이기 때문에 스마트 계약이 유동성 공급자의 역할을 하도록 만들 수 있다. 스마트 계약이 유동성 공급자의 역할의 방법으로 프로그램 가능한 화폐라는 특성과 경제학적 인사이트를 섞어 본딩커브의 개념이 등장하게 되었다. 스마트 계약을 기반으로 토큰의 공급량을 조절할 수 있다면 이를 통해 본딩커브를 설정하여 유동성을 공급할 수 있다. 토큰 A와 교환되는 토큰 B가 있다고 가정하면 토큰 B를 구매하고자 하는 사람은 토큰 A를 스마트 계약에 예치함으로써 토큰 B를 받게 된다. 이때 예치된 토큰 A의 개수 대비 받게 되는 토큰 B의 개수는 본딩커브에 의해 결정된다. 마찬가지로 토큰 B를 판매하고자 하는 이들은 토큰 B를 스마트 계약에 지불하고 토큰 A를 받게 되며 토큰 B의 개수 대비 돌려받는 토큰 A의 개수 역시 본딩커브의 곡선에 의해서 결정된다.

** [역자 주] [그림 4.1]에서 보듯이 Alice는 처음 5개의 TKN을 총 15 ETH를 주고 구매하였고 이후에 Carol이 추가적으로 5개의 TKN을 구매하려면 총 40 ETH

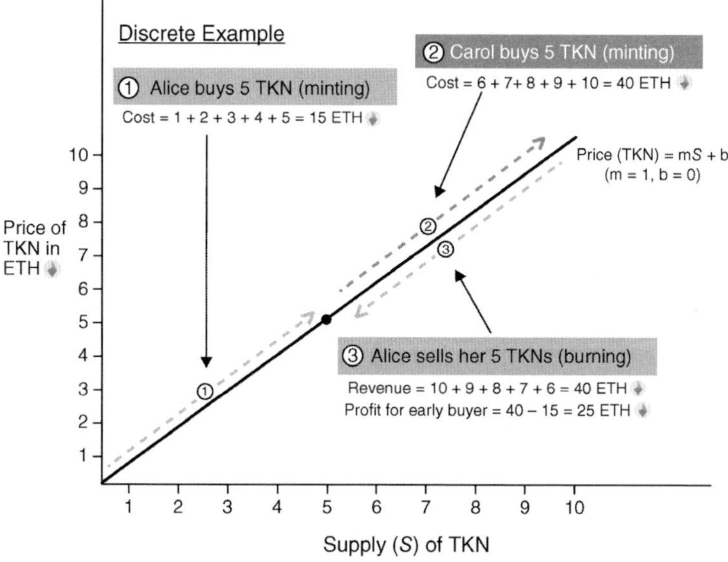

[그림 4.1] 선형 본딩커브

본딩커브의 메커니즘은 대체로 명확하다. 본딩커브는 기초자산인 토큰을 매매할 수 있는 옵션을 가진 단일 스마트 계약으로 나타낼 수 있다. 판매할 토큰은 본딩커브를 무제한 공급량을 가진 주조자(minter)로 설정하거나 계약으로 미리 정해진 최대 공급량을 명시한 본딩커브를 통해 이루어질 수 있다. 사용자가 토큰을 구매할 때는 본딩커브는 다시 판매할 수 있는 미래의 시점까지 들어오는 자금을 예치한다.

본딩커브의 성장률은 사용자의 성과를 결정하는 데 중요하다. 토큰이 충분히 큰 공급량을 제공하도록 성장하면 선형 성장률은

를 지불해야 한다. 이때 Alice는 자신이 보유하고 있는 TKN 5개를 Carol에게 매각하여 25 ETH의 차익을 얻을 수 있다.

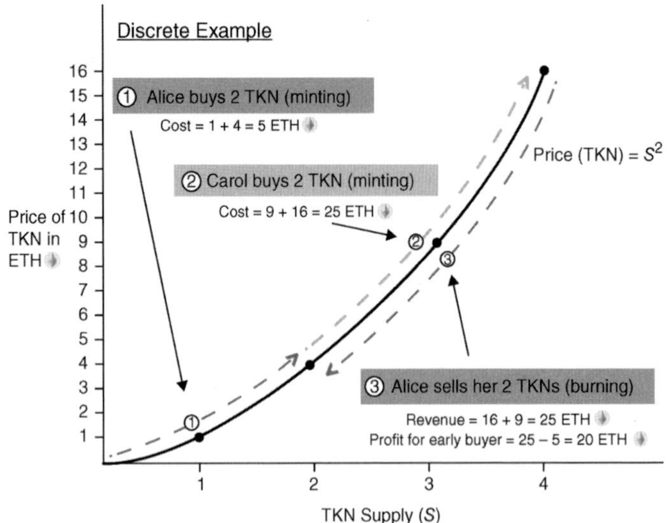

[그림 4.2] 초선형 본딩커브

초기 사용자에게 관대한 보상이 이루어질 것이다. 본딩커브가 TKN＝S^2과 같은 초선형 성장률을 가지면 초기 투자자는 더욱 극단적인 보상을 받을 수 있다([그림 4.2]). 이 경우 첫 번째 TKN 토큰은 1 ETH의 비용이 드는 반면에 백 번째 TKN은 10,000 ETH의 비용이 소요된다.*

초선형 본딩커브는 초기 투자자에게 비현실적으로 높은 수익을 주므로 실제로는 대부분의 프로젝트는 특정 가격으로 수렴하는 하위 선형성장률이나 로지스틱 함수를 사용한다([그림 4.3]).**

---

* [역자 주] [그림 4.2]에서 보듯이 Alice는 처음 2개의 TKN을 총 5 ETH를 주고 구매하였고 이후에 Carol이 추가적으로 2개의 TKN을 구매하려면 총 25 ETH를 지불해야 한다. 이때 Alice는 자신이 보유하고 있는 TKN 2개를 Carol에게 매각하여 20 ETH의 차익을 얻을 수 있다.

** [역자 주] [그림 4.3]에서 가격(TKN)＝$\frac{1}{1-e^{-s}}$로 결정되는 로지스틱 함수로 나

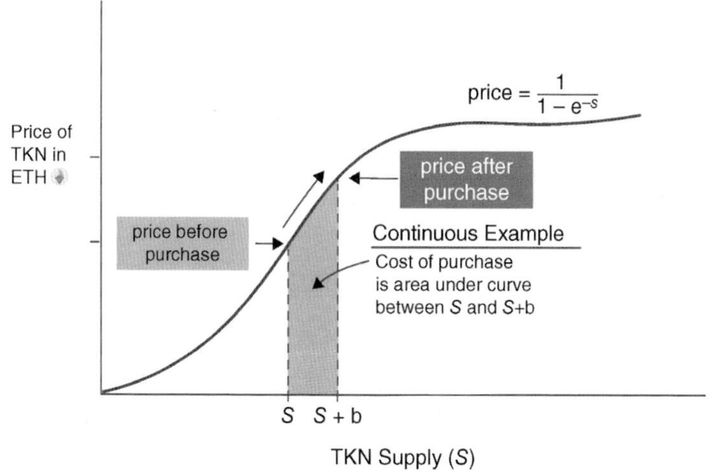

[그림 4.3] 로지스틱/시그모이드 본딩커브

본딩커브는 구매자와 판매자에 대해 다른 가격곡선을 가지도록 설계할 수도 있다. 판매커브는 구매커브보다 낮은 성장률이나 낮은 절편값을 가질 수 있다. [그림 4.4]는 기울기는 동일하나 판매커브의 절편값이 구매커브보다 낮은 경우이다. 두 커브 간의 간격을 스프레드(spread)라고 하며 이는 사용료로 징수하거나 시스템에서 복잡한 기능을 지원하기 위한 자금으로 사용하기 위해 스마트계약에 누적될 것이다. 계약이 전체 판매곡선상의 공급량을 재판매하기에 충분한 담보를 유지하는 한 계약은 모든 매도 수요를 충족할 수 있다.

타낼 수 있다. 이때 구매가격은 TKN을 b만큼 구매할 때 공급량 S와 S+b 사이의 곡선 아래의 면적과 동일하다. 이후에 TKN의 공급이 충분히 이루어지면 TKN의 가격의 성장률은 둔화되어 초기 투자자의 보상이 줄어들게 된다.

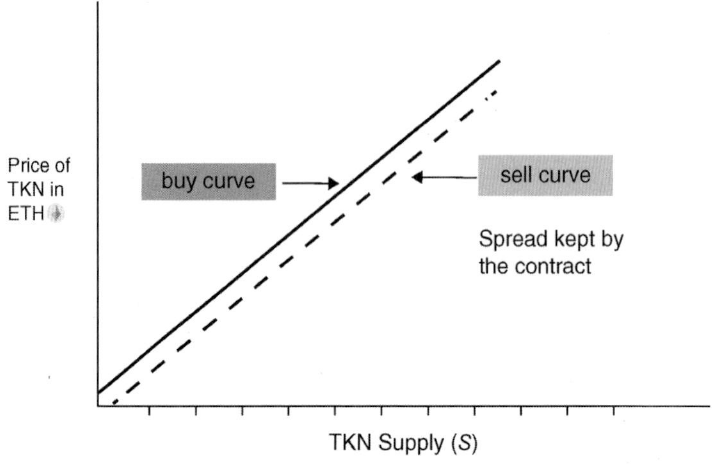

[그림 4.4] 매수자와 매도자에게 상이한 본딩커브

인센티브(Incentives)

디파이를 포함한 암호화 경제시스템에서 인센티브는 사용자에게 원하는 행동을 장려(긍정적 인센티브)하고 원치 않는 행동을 저해(부정적 인센티브)하는 데 매우 중요한 역할을 한다. 인센티브라는 용어는 매우 광범위한 의미를 지니지만 직접적인 토큰 지불 또는 수수료의 관점에서 인센티브 논의를 좁혀보고자 한다. 인센티브에는 다음의 두 가지 범주가 있다. (1) 스마트 계약에 맡겨진(custodied) 토큰 잔액에 적용되는 스테이크드 인센티브(staked incentive)와 (2) 맡겨진 토큰 잔액이 없는 시스템 내의 사용자에 대한 직접 인센티브(direct incentive)이다.

계약의 메커니즘은 보상 기금의 출처와 수수료의 목적지를 결정한다. 보상을 위한 자금은 인플레이션이나 주조를 통해 발행할 수도 있고 스마트 계약을 통해 마련할 수도 있다. 수수료로 거둬들인 자금은 소각될 수도 있고 스마트 계약에 위탁되어 보유될 수도 있다. 보상 기금은 플랫폼 참가자에게 직접 인센티브로 발행되거나 경매를 통해 부채를 상환하기 위해 모금될 수도 있다. 특정 메커니즘은 특정 토큰의 공급을 줄여 가격을 상승시키기 위해 코인의 소각을 선호할 수도 있다.

스테이킹 보상(Staking Rewards)

스테이킹 보상은 사용자가 시스템에 기여한 자본의 양에 따라 토큰 잔액에 보너스를 받는 긍정적 인센티브이다.* 보상의 기준은 여러 가지로 변형될 수 있다. 스테이킹의 요구조건으로 최소 지분잔고 기준을 부여할 수도 있고 잔고에 상관없이 고정금액을 보상할 수도 또는 잔고에 따라 비례보상을 할 수도 있다. 그리고 맡겨진(staked) 토큰과 동일한 토큰으로 보상하거나 다른 토큰으로 보상하도록 설계할 수 있다.

예로서 Compound 프로토콜(제6장에서 논의)은 수신 및 여신계좌에 예치된 사용자의 잔고에 대해 스테이킹 보상을 지급한다. 보상으로는 잔액에 비례하여 COMP 토큰이 지급된다. 보상으로 지급되는 COMP 토큰은 고정된 공급량을 가지는 예치된 COMP 자금으로 조달된다. 반면에 Synthetix 프로토콜에서는 무제한 공급량을 가지는 SNX 토큰으로 보상이 이루어지고 SNX 토큰은 인플레이션에 의해 조달되며 사용자가 최소 잔고 기준을 충족해야만

* [역자 주] 스테이킹은 저축과 유사한 개념으로 사용자가 가진 코인을 블록체인 네트워크 운영에 활용할 수 있도록 맡기고 그 대가로 보상을 받는 서비스이다.

지급된다.

슬래싱(Slashing): 스테이킹 페널티(Staking Penalties)

슬래싱은 지분삭감이라고도 하며 사용자의 지분 잔액의 일부를 제거하는 것으로, 바람직하지 않은 이벤트의 결과로 발생하는 부정적 인센티브이다. 슬래싱의 조건은 슬래싱을 촉발하는 메커니즘으로, 자금의 부분적 또는 완전한 제거, 담보부족에 따른 청산, 탐지 가능한 악성 사용자 행동, 그리고 시장 상황의 변화에 따른 삭감이 있을 수 있다.

담보대출의 경우 청산이 슬래싱의 메커니즘이 될 수 있으며, 잠재적인 위임자는 경매 또는 직접 판매를 통해 담보물을 처리하여 청산을 진행할 인센티브가 있다. 이때 청산 후 남은 잔여 자금은 원래 소유자에게 귀속된다. 부채와 관련이 없이 시장변화로 인한 슬래싱의 예는 알고리즘적인 스테이블코인(stablecoin)이다. 이 시스템에서는 토큰 가격이 특정 수준으로 감소하는 경우 사용자의 토큰 잔액을 직접 줄일 수가 있다.

직접 보상 및 키퍼(Direct Rewards and Keepers)

직접 보상은 사용자 행동과 관련된 지불 또는 수수료를 포함하는 긍정적 인센티브이다. 앞에서 언급했듯이 모든 이더리움의 상호작용은 거래로부터 시작되며 모든 거래는 외부소유계정(EOA)에서 시작된다. EOA는 기본적으로 오프체인(off-chain)이므로 시장상황에 대한 자율적인 감독과 대응이 기술적으로 불가능하거나 가능하더라도 비용이 많이 소요된다. 따라서 이더리움에서는 의도적으로 동작을 설정하지 않으면 거래가 자동으로 발생하지 않는다.

동작을 설정해야 하는 거래의 전형적인 예는 담보부 부채(collateralized debt)의 담보가 부족해지는 경우로, 이것이 자동으로 청산을 촉발하지는 않는다. EOA가 반드시 청산을 촉발해야 하며 그렇게 할 인센티브로 직접 보상을 받게 된다. 그런 다음 계약은 모든 조건을 평가하여 청산을 하거나 예상되는 업데이트를 진행한다.

키퍼는 디파이 프로토콜이나 디앱(dApp)에서 작업을 수행하기 위해 인센티브를 부여한 EOA의 한 종류이다. 키퍼는 정액요금 또는 비례요금으로 수수료를 받는다. 따라서 자율적인 감독기능이 오프체인으로 아웃소싱되어 새로운 수익기회를 창출한다. 키퍼에 대한 보상은 공정한 경쟁과 최고의 가격을 보장하기 위해 경매로 구성될 수 있다. 시스템에 있는 모든 정보가 거의 전적으로 공개되기 때문에 경매는 매우 경쟁적이다. 키퍼에 대한 직접 보상의 부작용은 이러한 보상에 대한 경쟁으로 인해 가스비가 부풀려질 수 있다는 것이다. 즉, 더 많은 키퍼 활동은 거래에 대한 추가 수요를 생성하여 가스비를 상승시킨다.

수수료(Fees)

수수료는 일반적으로 시스템 또는 플랫폼의 기능을 지원하기 위한 자금조달 메커니즘이다. 원하는 인센티브에 따라 정액요금이나 비례요금으로 부과될 수 있다. 수수료는 직접적인 부정적 인센티브로 부과될 수도 있고 스테이킹 지분잔고에 부과될 수도 있다. 부과된 수수료는 사용자가 지불할 수 있도록 연결된 스테이킹 지분잔고가 있어야 한다. 이더리움 사용자에 대해 알려진 바는 지갑잔고(wallet balance)와 이더리움상에 이루어진 계약에 대한 정보밖에 없는 이더리움 계정의 익명성 때문에 어떻게 수수료를 부과할 것인지는 어려운 과제이다. 스마트 계약이 이더리움 계정에서 이루어지는 경우, 오프체인(off-chain) 집행과 법적인 강제를 보장하는 유일한 방법은 모든 부채가 블록체인 네트워크에서 투명하게 기록되고 예치된 온체인(on-chain) 담보에 의해 뒷받침되는 것이다.* 익명성은 예치된 잔고와는 달리 평판과 같은 다른 메커니즘의 신뢰성을 저해하는 요소이다.

스왑(Swap)

스왑은 한 종류의 토큰을 다른 토큰으로 교환하는 것이다.** 디파이에서 스왑의 주요 장점은 아토믹(atomic)하고 비수탁적(non-custodial)이라는 것이다. 아토믹하다는 것은 스왑이 완료되기 전에는 언제든지 자금을 인출할 수 있는 스마트 계약 내에 예치되어

---

* [역자 주] 온체인(on-chain)은 블록체인 네트워크상에 발생하는 거래가 기록되는 것으로 거래 정보는 모두 블록에 포함되어 모든 사용자에게 공개되고 영구적으로 삭제가 불가능하다. 다만 온체인에만 의존하는 경우 거래 발생 후 네트워크상에 거래가 확정되기까지 시간이 많이 소요되는 속도 문제와 블록체인 내의 모든 거래가 모두에게 공개되는 프라이버시 문제 그리고 거래 검증 시 채굴자에게 비용을 지불해야 하고 확장성이 낮다는 문제가 생긴다. 이러한 문제를 해결하기 위해 오프체인(off-chain)이 사용된다. 오프체인은 블록체인 시스템이 아닌 그 외부에서 발생하는 거래로 핵심 데이터만 블록체인에 기록하고 빠른 처리가 필요한 데이터는 디앱(dApp)의 메인서버에 기록하여 낮은 수수료와 빠른 처리 속도 그리고 높은 거래 처리량으로 확장성 문제를 해결해준다. 하지만 오프체인에 기록된 거래내역은 완전히 신뢰할 수는 없다는 문제점이 있다.

** [역자 주] 스왑을 하는 방법은 다양하나 대부분은 코인베이스(Coinbase) 같은 중앙화된 거래소(centralized exchange)에서 이루어진다.

있고, 스왑은 교환 조건을 모든 당사자가 합의하고 충족하여 스마트 계약에 의해 실행되는 경우에만 완료된다는 것을 의미한다. 아토믹하므로 스왑의 조건이 완전히 충족되지 않는다면 전체 거래가 취소되고 모든 당사자는 예치된 자금을 계속 보유하게 된다. 이더리움에서 비수탁적 방식으로 토큰 스왑을 용이하게 하는 플랫폼은 탈중앙거래소(decentralized exchange, DEX)이다. DEX에 유동성을 제공하는 두 가지 주요 메커니즘이 있는데, 하나는 주문매칭 방식이고 다른 하나는 자동시장조성자이다.

주문매칭(Order-Book Matching)

주문매칭 또는 오더북 매칭은 모든 당사자가 동의한 스왑환율(swap exchange rate)로 교환이 이루어지는 시스템으로, 오더북에 기록된 주문을 연결하고 체결하는 특수 소프트웨어 프로토콜이다. 시장조성자(market maker)가 DEX에 주문을 넣으면 시장수용자(market taker)가 사전에 합의된 가격으로 주문을 체결한다.* 주문

* [역자 주] 시장조성자(market maker)가 주문을 넣으면 오더북에 주문이 추가되어 차후 체결될 수 있는 주문을 형성함으로써 매장 선반 위에 물건을 놓는 것과 같은 시장을 형성하여 유동성을 공급한다. 반면에 테이커 또는 시장수용자는 오더북에서 주문을 가져감으로써 매장에서 물건을 가져가는 것처럼 유동성을 감소시킨다. 주문을 넣을 때 주문이 즉시 체결되지 않으면 메이커가 된다. 이러한 주문은 오더북에 남아 있게 되고 차후 이를 체결시킬 누군가를 기다리게 된다. 시장조성자는 일반적으로 시장의 유동성을 공급하는 대가로 시장수용자로부터 프리미엄을 받는다. 이 프리미엄을 에지(edge)라고 하며 일반적으로 매수 호가와 매도 호가의 차액을 말한다. 통상적인 중앙집중형(centralized) 가상화폐 거래소에서도 이러한 주문매칭 시스템을 사용하여 매수인과 이에 상응하는 매도인을 주선한다. 유동성을 보장하기 위해 중앙집중형 거래소는 전문 트레이더(은행, 브로커 하우스, 기타 다양한 금융그룹)를 고용하여 거래소에 다양한 가격대에서 끊임없고 지속적인 "매수-매도 스프레드"를 제공하여 유동성을 공급한다.

이 체결될 때까지 시장조성자는 시장상황의 변동에 따라 주문을 취소하거나 스왑환율을 업데이트할 수 있는 권리를 가진다.

각 업데이트는 온체인(on-chain) 거래를 필요로 하기 때문에 주문매칭 방식은 비싸고 비효율적이다. 주문매칭 방식은 합의된 스왑환율로 기꺼이 교환을 할 수 있는 거래 상대방이 존재해야 한다는 전제조건으로 인해 쉽게 해결하기 어려운 비효율성을 내재하고 있다. 이러한 전제조건으로 인하여 주문매칭 방식은 많은 스마트 계약 응용 프로그램에서 요구되는 유동성에 대한 수요를 충족시키기가 어렵다. 혁신적인 대안은 자동시장조성자이다.

자동시장조성자(Automated Market Makers, AMM)

자동시장조성자(AMM)는 거래 쌍방의 자산을 보유하고 지속적으로 매수/매도 가격을 고시하는 스마트 계약이다. 자동시장조성자는 실행된 트레이딩 데이터를 바탕으로 거래 후 유동성 풀의 토큰 간 비율(relative bid-ask size)이 얼마나 변했는지를 보고 가격함수를 결정한다. 또한 가격함수를 결정할 때 토큰 간 비율보다 더 복잡한 데이터를 포함시킬 수도 있다. 자동시장조성자는 이러한 미리 정해진 수학공식을 바탕으로 토큰 가격을 결정한다. 사용자와 거래하는 계약의 관점에서 가격은 위험중립적(risk-neutral)이어서 매수나 매도 입장과 무관하게 결정된다.

자동시장조성자가 단순하게 두 자산 간에 고정 가격비율(a fixed price ratio)을 설정한다면 자산의 시장가격이 변동할 때 더 가치 있는 자산은 그 자동시장조성자에게서 빠져나가 시장가격으로 거래되는 다른 거래소로 이동할 것이다. 따라서 자동시장조성자는 자산이 시장가격에 수렴할 수 있도록 가격함수를 설정해야 한다.

자동시장조성자의 주요 장점은 항상 가용성(availability)이 있어서 트레이딩을 위해 전통적인 거래 상대방을 찾을 필요가 없다는 것이다. 사용자가 필요한 경우 언제든지 자산의 교환을 보장하는 가용성은 스마트 계약과 디파이 개발에 있어 매우 중요한 요소이다. 사용자는 트레이딩을 완료할 때까지 자금을 자신이 보관할 수 있으며 따라서 신용 위험(counterparty risk)은 사라진다. 추가적인 혜택은 조성 가능 유동성(composable liquidity)인데, 이는 모든 교환계약이 다른 교환계약의 유동성 및 스왑환율과 연결될 수 있다는 것을 의미하며, 자동시장조성자는 이러한 결합 가능 유동성을 증대시킨다. 조성 가능 유동성은 나중에 논의할 디파이 레고(DeFi lego)의 개념과 밀접한 관련이 있다.*

자동시장조성자의 한 가지 단점은 비영구적 손실(impermanent loss)이다. 비영구적 손실은 유동성 공급자(liquidity provider, LP)가 자동시장조성자에게 토큰을 예치할 시 지갑에 보유하고 있을 때보다 토큰 가치가 하락하여 발생하는 손실을 지칭한다.** 이러한 현

---

* [역자 주] 디파이는 레고를 쌓듯이 자유롭게 합성, 결합, 융합될 수 있어서 누구나 다른 프로토콜을 가져다 자신의 금융 서비스에 붙이는 것이 가능하다. 이와 마찬가지로 자동시장조성자도 다른 계약과 연결하여 유동성을 가져올 수 있는 것이다. 자동시장조성자에서는 거래의 상대방은 필요 없지만 누군가는 여전히 유동성을 공급하여 시장을 조성해야 하며 유동성 공급자는 유동성 풀(liquidity pool)에 자금을 추가하여 스마트 계약의 유동성을 제공한다. 유동성 풀은 거래자가 거래할 수 있는 거대한 자금 더미로 생각할 수 있다. 프로토콜에 유동성을 제공하는 대가로 유동성 공급자는 풀에서 발생하는 거래에서 수수료를 받는다. 유동성 유치가 중요한 이유는 자동시장조성자가 작동하는 방식으로 인해 유동성 풀이 클수록 슬리피지(slippage)가 적은 대량주문이 발생할 수 있고 이는 차례로 플랫폼에 더 많은 거래량을 끌어들일 수 있기 때문이다. 슬리피지는 내가 체결하고 싶은 가격과 실제로 체결된 가격의 차이를 지칭한다. 유동성 풀에 자금이 많을수록 매매 호가의 간격이 촘촘히 이루어지지만, 유동성이 부족하면 매수-매도호가의 스프레드가 커지고 따라서 슬리피지가 크게 발생한다.

상을 비영구적 손실이라고 부르는 이유는 자동시장조성자 내 토큰 가격이 원래 가치로 돌아가면 손실이 복구되기 때문이다. 예를 들어 초기에 각기 1 ETH의 가치가 있는 2개의 자산 A와 B를 생각해 보자. 자동시장조성자 계약은 동일하게 각 자산의 100개를 보유하

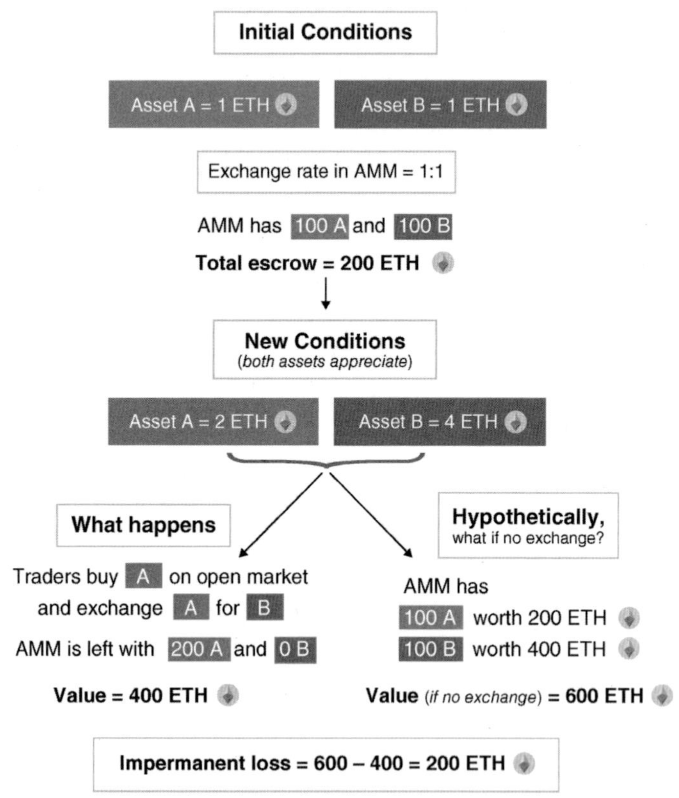

[그림 4.5] 자동시장조성자의 메커니즘

** [역자 주] 비영구적 손실은 자동시장조성자에 예치한 토큰 간 시장가격이 어느 방향으로든 벌어질 때 발생한다. 일반적으로 예치 후 토큰 가격 간 차이가 클수록 비영구적 손실도 커진다.

고 있으며 각 자산 간의 교환은 단순히 1 : 1의 고정된 비율로 이루어진다고 가정한다. ETH를 계정의 단위로 사용하여 자동시장조성자 계약의 수익률과 비영구적 손실을 추적한다. 주어진 잔액과 시장환율을 기준으로 시작시점의 계약에는 200 ETH가 예치되어 있다. 시장에서 자산 B의 가격이 4 ETH로 증가하고 자산 A의 가격은 2 ETH로 인상되면 자산 B의 가치가 더 높아졌기 때문에 차익거래(arbitrage)로 계약에서 자산 B를 자산 A로 교환한다. 그 결과 이 계약에는 가치가 400 ETH인 자산 A 200개가 남고 자산 B는 0개가 된다. 이 경우 계약의 수익률은 100%가 된다.

그러나 계약이 자산 B를 판매하지 않으면 계약의 가치는 600 ETH가 된다. 따라서 이 계약은 600 ETH와 400 ETH의 차이인 200 ETH가 비영구적 손실이 된다. 계약의 보유자산인 A와 B의 가격 동등성이 회복되면 비영구적인 손실이 사라진다. 유동성 공급자가 계약에 유동성을 공급하는 목적이 이익이라면 부과된 수수료는 비영구적 손실보다 커야 한다.*

가격이 상승하는 자산을 매도하고 가격이 하락하는 자산을 구매하도록 계약이 구조화되어 있기 때문에 가격과 유동성의 변동에 따라 비영구적 손실이 발생한다. 비영구적 손실의 중요한 특징은 경로독립성(path independence)이다. 앞의 예에서 한 명의 거래자가 유동성을 전부 소진하든 백 명이 하든지 상관없이 동일한 비영구적 손실이 발생한다. 또한 거래의 횟수나 거래의 방향에도 관계

* [역자 주] 두 자산의 가격비율이 상대적으로 작은 범위에 있으면 비영구적 손실은 무시할 만하지만 가격비율이 많이 변하면 유동성 공급자는 자금을 풀에 추가하는 대신 토큰을 보유하는 것이 더 나을 수 있다. 그럼에도 불구하고 유동성 풀에서 발생하는 거래 수수료 덕분에 비영구적 손실에 노출되어 있더라도 수익이 발생할 수 있다.

없이 최종 교환비율과 계약에 남은 자산비율에 따라 동일한 비영구적 손실을 초래한다. 경로독립성으로 인해 비영구적인 손실은 가격변동의 상관관계가 평균회귀(mean reverting)하는 자산의 쌍(pairs)에서 최소화된다. 따라서 이러한 특성을 지닌 스테이블코인(stablecoin)의 쌍이 자동시장조성자에서 적절하게 거래될 수 있다.

담보대출(Collateralized Loans)

부채와 대출은 전통적인 금융에서뿐만 아니라 디파이에서도 가장 중요한 금융 메커니즘일 것이다. 이러한 메커니즘은 한편으로는 자본을 효율적으로 분배하고, 위험 감수에 따른 수익을 증가시키고, 경제성장을 확대하는 강력한 도구이다. 다른 한편으로는 시스템의 과도한 부채는 불안정을 야기할 수 있으며 대규모 경제 및 시장 위축을 발생시킬 수도 있다. 이러한 이점과 위험은 거래 당사자들이 비우호적이고 통합된 환경을 공유하는 특성을 지닌 디파이에서 증폭되어 나타난다. 플랫폼은 점점 더 상호의존적으로 성장하여 시스템의 한 부분의 부채로 인한 붕괴는 연결된 모든 프로토콜을 신속하게 오염시키고 위험이 외부로 확장될 수 있다.

듀레이션(duration)이 0이 아닌 모든 대출은 동등한 또는 초과 담보금액에 의해 뒷받침되어야 한다. 계약으로 담보를 요구하면 상대방이 채무불이행하는 것을 방지할 수 있다. 이더리움과 같은 개방적이고 익명적인 시스템에서 무담보대출(uncollateralized loans) 메커니즘은 상대방이 자금을 훔칠 수 있는 위험을 야기한다. 과담보(overcollateralized) 포지션은 담보의 가치가 부채보다 작아지면 회복할 여지가 없이 압류(foreclosure)로 이어진다는 위험이 있다. 따라서 변동성이 큰 유형의 담보는 이러한 위험을 완화하기 위해 더 높은 담보비율을 필요로 한다.*

앞에서 언급한 청산(liquidation)의 메커니즘을 바탕으로 보다 자세히 설명하면 다음과 같다. 청산을 피하기 위해서는 가격변동성이 담보가치를 저해하지 않도록 충분히 큰 마진으로 부채가 과도하게 담보되어야 한다. 스마트 계약에서는 일반적으로 담보를 청산하고 포지션을 닫을 수 있는 최소 담보유지비율이 정해져 있다. 담보는 자동시장조성자가 있는 DEX에서 시장가격으로 경매되거나 직접 판매될 수 있다.

이미 언급했듯이 이더리움 블록체인에 있는 포지션은 자동으로 청산될 수 없으므로 인센티브가 필요하며 이는 주로 포지션을 청산하고 보상을 받을 수 있는 외부 키퍼(external keeper)에게 비례 수수료의 형태로 지급된다. 청산 이후에 남아 있는 담보는 해당 포지션의 원래 소유자에게 귀속된다. 경우에 따라서는 시스템은 더 강력한 인센티브를 제공하기 위해 남은 모든 담보를 키퍼에게 지급한다. 청산에 대한 벌칙이 강하고 대부분의 담보가치는 변동

* [역자 주] 담보대출을 제공하는 플랫폼에 따라 비트코인과 이더리움에서 스테이블코인까지 다양한 암호화폐를 담보로 맡겨두거나 빌릴 수 있다. 일반적으로 이런 대출은 과도한 담보를 요구하는데 이는 대출보다 더 가치가 있는 자산을 담보로 묶어 놓아야 한다는 것이다. 이렇게 해야 적어도 아직은 신용등급 제도가 없는 디파이 같은 익명 세계에서도 사용자가 대출상환을 할 것이라고 확신할 수 있으며 이런 식으로 담보의 가격변동성 위험을 상쇄할 수 있다. 평균 담보유지비율은 150% 정도로 이는 100만 원을 빌리려면 150만 원 상당의 자산을 담보로 맡겨 두어야 한다는 의미이다. 기존 담보대출과 암호화폐 담보대출이 다른 점은 담보가 암호화폐 자산이라는 것뿐만이 아니다. 암호화폐 담보대출을 제공하는 대다수의 플랫폼은 대출업무를 컴퓨터 코드로 처리하며 스마트 계약을 통해 대출한도, 담보유지비율이 계산되고, 담보가 청산된다.

성이 있으므로 대부분의 플랫폼은 사용자가 담보비율을 건전하게 유지하기 위해 담보를 추가로 제공할 수 있도록 하고 있다.

담보대출과 토큰 공급조정을 응용하여 가치가 담보로 지지되는 합성토큰(synthetic token)을 만들 수도 있다. 합성토큰은 특정 자산을 담보로 하여 다른 자산의 가격을 추종하게 만든 토큰으로 부채로 생성되고 자금을 조달한 자산이다. 부채에 대한 담보를 회수하기 위해서는 합성토큰으로 상환해야 한다. 합성토큰은 유틸리티 메커니즘을 갖거나 옵션 또는 채권과 같은 복잡한 파생 금융상품을 나타낼 수 있다(예를 들어 Synthetix Synth 및 Yield yToken; 제6장 참조). 기초자산의 가격을 추적하는 스테이블코인은 MakerDAO에서 발행하는 DAI와 유사한 유형의 합성토큰이다.

플래시 론(Flash Loans)

디파이에 유일하게 존재하며 특정 유형의 금융 접근성을 극적으로 확대시키는 새로운 개념의 무담보대출이 플래시 론이다. 전통적인 금융에서 대출은 프로젝트에 자금을 조달하거나 소비하기 위해 자본이 필요한 개인(단체)에게 잉여자본을 효율적으로 배분하도록 설계된 도구이다. 대출자는 자본을 제공하고 채무불이행 위험을 부담하는 것에 대한 보상으로 대출기간 동안 이자를 받는다. 대출기간이 길어지면 대출자가 더 큰 채무불이행 위험에 노출되므로 이자율은 대출기간에 따라 상승한다.

이러한 개념을 거꾸로 보면 단기 대출이 덜 위험하므로 대출자에 대한 보상이 덜 필요하다고 할 수 있다. 플래시 론은 디파이 사용자가 아무런 담보 없이 암호화폐를 빌릴 수 있게 돕는다. 플래시 론은 전통적인 금융의 초단기(overnight) 대출과 유사하지만 동일한 거래 내에서 상환이 요구되며 스마트 계약에 의해 시행된다는 중요한 차이점이 있다.*

플래시 론이 어떻게 작동하는지 이해하기 위해서는 이더리움 거래에 대한 깊은 이해가 있어야 한다. 이더리움 거래의 중요한 조항으로 거래가 끝날 때까지 대출이 이자와 더불어 상환되지 않으면 전체 프로세스가 되돌려져 돈이 대출자의 계정을 떠나기 전의 상태로 되돌아간다. 즉, 사용자가 원하는 대로 대출을 성공적으로 사용하고 동일 거래에서 완전히 상환하거나 아니면 거래가 실패하여 마치 사용자가 처음부터 돈을 빌리지 않은 것처럼 모든 것이 재설정된다.

플래시 론은 본질적으로 신용 위험(counterparty risk) 또는 듀레이션 위험(duration risk)이 존재하지 않는다. 그러나 항상 계약 설계의 결함과 같은 스마트 계약 위험(제7장 참조)이 있다. 사용자는 플래시 론을 사용하여 차익거래나 담보스왑 또는 무담보대출의 재융자를 통하여 수익을 창출할 수 있다. 이러한 기능을 통해 매우 많은 양의 자본이 필요한 투자기회에도 전 세계 누구나 쉽게 액세스할 수 있다. 시간이 지나면 우리는 전통적인 금융의 세계에 존재할 수 없는 다른 유사한 혁신을 보게 될 것이다.

---

* [역자 주] 이더리움 블록체인이 사용자 계좌 잔고를 업데이트하기 전에 동일 거래에서 상환해야 한다는 대출조건이 스마트 계약에 코딩된다. 상환되지 않으면 거래가 실패하기 때문에 플래시 론은 동일한 거래 내에서 초단기로 상환되는 대출이다.

V

디파이가 해결하는 문제들

Problems DeFi Solves

이 장에서는 전통적인 중앙집중식 금융이 가지고 있는 비효율성, 제한된 액세스, 불투명성, 중앙통제 및 상호 운용성 부족의 다섯 가지 결함에 대한 디파이의 구체적인 해결책을 제시한다.

비효율성(Inefficiency)

전통적 금융의 다섯 가지 결함 중 첫 번째는 비효율성이다. 디파이는 전통적 금융에서는 다루기 어려운 대규모 거래나 수익성이 낮은 금융거래를 손쉽게 처리할 수 있다. 디파이는 이러한 거래를 다양한 댑스(dApps)를 통해 처리한다. 댑스는 예를 들어 풋옵션을 행사하는 등의 특정 재무적 작업을 실행하도록 설계된 재사용이 가능한 스마트 계약으로 거래의 규모와 상관없이 누구나 이용 가능하다.

사용자는 스마트 계약과 블록체인의 매개변수(parameters)가 설정한 범위 내에서 자율적으로 직거래를 할 수 있으며, 이더리움 기반의 디파이에서는 누구나 동일한 정액 가스비를 지불하고 계약을 맺을 수 있다. 현재 송금에 대한 가스비는 건당 약 3달러이며 담보대출과 같은 디앱(dApp) 기능의 사용에 대한 가스비는 건당 12달러 정도이다. 이러한 계약은 조직운영상의 간접비(overhead cost)를 거의 발생시키지 않으며 일단 배포가 되면 동일한 서비스를 지속적으로 제공할 수 있다.

키퍼(Keepers)

앞의 제4장에서 소개된 키퍼는 거래 포지션이 충분히 담보화되어 있는지를 감시하거나 다양한 기능에 대한 현재 상태의 업데이트를 촉발하는 등 디파이 프로토콜에 서비스를 제공하도록 직접적인 인센티브를 받는 외부 참가자이다. 디앱의 혜택과 서비스에 대한 가격이 최적으로 제공될 수 있도록 키퍼에 대한 보상은 종종 경매로 이루어진다. 경매와 같이 순수하고 개방적인 경쟁은 사용자가 자신이 필요로 하는 서비스에 대해 항상 시장가격을 지불하도록 보장함으로써 디파이 플랫폼에 그 가치를 부여한다.

포킹(Forking)

효율성을 장려하는 또 다른 개념은 포크이다. 오픈소스(open-source) 코드의 관점에서 포크는 코드가 업그레이드되거나 향상된 기능이 덧붙여져서 복사되고 재사용될 때 발생한다. 블록체인 프로토콜에서 포크는 일반적으로 서로 참조가 되는 두 개의 병렬 통화와 체인을 형성한다. 이렇게 되면 프로토콜 수준에서 경쟁이 생기고 최상의 스마트 계약 플랫폼을 선택할 수 있다. 모든 이더리움 블록체인의 코드뿐만 아니라 이더리움 기반의 디파이 디앱 또한 공개되어 있으며 포크할 수 있다. 만약 비효율적이거나 열등한 디파이 앱이 존재한다면 그러한 코드는 포크를 통해 쉽게 복사, 개선 및 배포될 수 있다. 포크와 이러한 장점은 디파이 및 블록체인의 개방성에서 유래하는 것이다.

포크는 원본 플랫폼보다 더 큰 인센티브를 제공하여 유동성이나 사용자를 끌어오도록 설계된 정밀하게 복제된 디파이 플랫폼을 지칭하는 소위 "뱀파이어리즘(vampirism)"이라는 흥미로운 문제를 던져준다. 사용자는 동일한 기능성을 제공하면서도 잠재적으로 더 높은 보상을 제공하는 이러한 복제 디파이 플랫폼에 이끌릴 수 있으며, 이로 인해 초기 플랫폼의 이용도와 유동성이 감소할 수 있다.

팽창적(inflationary) 보상이 잘못 사용될 경우, 복제 플랫폼이 장기간에 걸쳐 커다란 자산 버블을 형성한 후 붕괴되거나 또는 최적에 근사한 모델이 선택되어 원래 플랫폼을 교체할 수도 있다. 뱀파이어리즘은 포크에 내재한 위험이나 결함이라기보다는 디파이의 순수한 경쟁과 개방성으로 인해 발생하는 다소 복합적인 문제이다. 결국에는 포크를 통해 이루어지는 선택과정이 최적의 효율성을 가진 보다 강건한 금융 인프라를 제공할 것이다.

제한된 액세스(Limited Access)

스마트 계약 플랫폼이 보다 확장되어 구현됨에 따라 사용자의 마찰이 줄어들고 보다 광범위한 사용자에게 이용 가능해짐으로써 기존 금융의 두 번째 결함인 제한된 액세스 문제를 완화한다. 디파이는 지구상의 비은행(unbanked) 인구나 노동력의 상당 부분을 고용하는 소상공인(미국의 경우 거의 50%의 노동력을 소상공인이 고용하고 있다)과 같은 기존의 소외된 계층이 금융 서비스에 직접 액세스할 수 있게 한다. 그 결과가 세계 경제 전체에 미치는 영향은 매우 긍정적인 것이다. 은행 계좌, 모기지 및 신용카드와 같은 전통적 금융 서비스에 액세스할 수 있었던 소비자조차도 대형 금융기관만이 얻을 수 있는 가장 경쟁적인 가격과 유리한 조건의 금융상품에는 액세스할 수 없다. 디파이는 모든 사용자가 자신의 부(wealth)나 지리적 위치에 상관없이 전체 금융 인프라에 액세스할 수 있게 한다.

이자농사(Yield Farming)

이자농사는 전통적인 금융에서 소외되었던 많은 사람들에게 필요한 금융 서비스에 대한 액세스를 제공한다. 이자농사를 통해 사용자는 스테이킹(staking) 자본이나 프로토콜 사용에 대한 보상을 지급받을 수 있다. 이러한 보상은 인플레이션이나 계약에 의해 조성된 자금에서 지불되며 사용자가 보유하고 있는 것과 동일한 기초자산 또는 거버넌스 토큰 등으로 지불될 수 있다.

모든 사용자는 스테이킹한 자본의 규모와 상관없이 어떤 크기의 자본을 가지고도 참여하여 비례 보상을 받을 수 있다. 이러한 기능은 거버넌스 토큰에서 강력한 위력을 발휘한다. 이자농사를 통해 거버넌스 토큰이 발행되는 프로토콜의 사용자는 발행된 토큰만큼 그 플랫폼에 대한 부분 소유권을 가지게 된다. 이는 전통적 금융에서는 매우 드문 방식으로, 이자농사의 과정은 플랫폼을 사용하고 수혜를 받는 사람들에게 그 플랫폼의 소유권을 제공하는 일반적이고 잘 알려진 방법이다.

디파이 공개(Initial DeFi Offering, IDO)

이자농사의 한 가지 흥미로운 결과로 사용자는 유니스왑(Uniswap)* 으로 거래되는 한 쌍(pair)의 토큰으로 시장조성(market making)을 하여 직접 IDO를 할 수 있다. 사용자는 한 쌍의 토큰에 대한 최초의 유동성 공급자가 됨으로써 그 토큰 쌍에 대한 최초의 환율을 설정할 수 있다. 예를 들어 사용자가 DFT라는 토큰을 가지고 있고 그 토큰의 총공급량이 2백만 개라고 가정해 보자. 사용자는 일백만 DFT와 일십만 USDC로 시장을 조성하여 1 DFT가 0.10 USDC의 가치를 가지게 환율을 설정할 수 있다. ERC-20 토큰 보유자는 누구나 DFT를 구입할 수 있으며, 이는 DFT의 가격을 상승시킨다. 사용자는 유일한 유동성 공급자로서 거래에 따른 모든 수수료를 받는다. 이러한 방식으로 가능한 한 많은 사용자에게 자신이 공급하는 토큰에 대한 즉각적인 액세스를 제공한다. 이 방법은 사용자가 유니스왑 시장에 처음 공급한 토큰 공급량 이외의 토큰을 외부에서 공급하는 경우 토큰에 대한 인위적인 최저가격을 설정할 가능성이 있고 따라서 가격발견(price discovery)을 어렵게 한다. 따라서 사용자가 토큰 배포를 위해서 전략적으로 IDO의 장단점을 고려해야 한다.

---

* [역자 주] 유니스왑은 다음 장에서 설명할 프로토콜로 이더리움 블록체인에서 ERC-20 토큰을 거래하기 위한 P2P 시스템으로, 자동시장조성자(Automated Market Maker) 알고리즘으로 거래 당사자들이 유동성 풀에서 직접 거래하는 시스템이다.

IDO는 두 가지 방법으로 모든 사용자가 디파이에 대한 액세스를 할 수 있게 한다. 첫째, IDO를 사용하면 거래량이 많은 디파이 거래소에서 프로젝트가 상장될 수 있으며 초기 자본 외에는 진입 장벽이 없다. 둘째, 사용자는 IDO를 통해 프로젝트가 거래소에 상장된 직후 최고의 새로운 프로젝트에 액세스할 수 있게 한다.

불투명성(Opacity)

전통적 금융의 세 번째 단점은 불투명성이다. 합의(agreement)의 개방적이고 계약적인 속성으로 인해 디파이는 이 문제를 아주 쉽게 해결할 수 있다. 우리는 스마트 계약과 토큰화가 디파이에서 어떻게 투명성(transparency)을 향상시키는지를 살펴볼 것이다.

스마트 계약(Smart Contracts)

스마트 계약은 투명성 측면에서 즉각적인 이점이 있다. 모든 당사자는 상대방의 자본규모를 파악할 수 있고, 필요한 범위 내에서 자금이 어떻게 지출되는지를 알 수 있다. 거래 당사자는 각각 계약을 읽고, 계약조건에 동의하며, 모호성을 제거할 수 있다. 이러한 투명성은 법적 위험부담을 상당히 완화시키고, 현재의 전통적 금융환경에서 계약이행의 지연이나 심지어 금융계약의 완료를 철회하는 등의 방법으로 금융강자에게 유린당할 가능성을 제거하여 금융약자에게 안도감을 가져다준다. 현실적으로, 일반 소비자가 계약 코드를 이해하지 못하더라도 플랫폼의 오픈소스 특성과 코드 감시자의 존재(나중에 논의) 및 군중의 지혜가 이러한 안도감을 가져다준다. 전반적으로 디파이는 신용 위험(counterparty risk)을 완화하여 전통적 금융에서는 존재하지 않았던 많은 효율성을 창출한다.

디파이 참가자는 사용하는 계약의 조건에 따라 행동할 책임이 있다. 적절한 행동을 보장하기 위한 하나의 메커니즘은 스테이킹(staking)이다. 스테이킹은 암호화 자산(cryptoasset)이 계약에 예탁되어 조건이 충족될 경우에만 적합한 상대방에게 인출되고 그렇지 않으면 원래 소유자에게 반환되는 것을 의미한다. 당사자는 클레임이나 상호작용에 대해 자금을 예치(stake)해야 할 수도 있다. 스테이킹은 잘못된 행동을 하는 거래자에게 실질적인 처벌을 주고 그 상대방에게 실질적인 보상을 부과하여 계약을 시행하도록 한다. 보상을 받는 쪽은 계약의 원래 조건보다 같거나 더 나은 결과가 주어진다. 이러한 투명한 인센티브 구조는 전통적 금융계약에 비해 훨씬 더 안전하고 명확한 계약의 이행을 보장한다.

투명성을 향상시키는 디파이의 또 다른 유형의 스마트 계약은 토큰 계약(token contract)으로, 사용자는 시스템에 얼마나 많은 토큰이 존재하는지 그리고 그 토큰 증감을 결정하는 매개변수를 정확히 알 수 있다.

중앙통제(Centralized Control)

전통적 금융의 네 번째 결함은 통화공급, 인플레이션율, 그리고 최고의 투자기회에 대한 접근성 등의 요소에 대한 사실상의 독점권을 가진 정부와 대형 기관에 의해 행사되는 강력한 통제이다. 디파이는 통제가 아닌 투명성과 불변성을 가진 개방적 프로토콜로 이러한 중앙통제를 거부한다. 이해관계자 집단이나 고정된 알고리즘은 인플레이션율과 같은 디파이 디앱의 매개변수를 통제할 수 있다. 디앱에서 관리자에게 특별한 권한을 부여한 경우 모든 사용자는 그러한 권한을 인지하고 있으며 또한 원하는 경우 모든 사용자는 보다 덜 중앙집중적인 앱을 쉽게 만들 수 있다.

블록체인의 오픈소스 정신과 모든 스마트 계약의 공공성(public nature)으로 인해 디파이 프로젝트의 결함과 비효율성은 쉽게 파악될 수 있으며, 사용자는 포크(foke)를 통해 결함이 있는 프로젝트를 복사하고 개선하여 효율성을 제고할 수 있다. 결과적으로 디파이는 신중하게 설계된 메커니즘을 가진 프로토콜을 통해 이해관계자들에게 자연스럽고 매끄러운 인센티브를 부여하고 건강한 균형을 유지하도록 노력하고 있다. 중앙통제에는 고유의 장단점이 있다. 중앙통제는 위기상황에서 급진적이고 단호한 조치를—그러한 행동이 적절하든 아니든 간에—취할 수 있게 한다. 탈중앙 금융으로 가는 길은 많은 고통을 수반한다. 이는 모든 가능한 결과와 경제적 변화를 예측하고 이에 대비하는 것이 매우 어렵기 때문이다. 그럼에도 불구하고 탈중앙화를 위한 접근법이 제시하는 투명성과 안전성은 전 세계 사용자들이 신뢰할 수 있는 금융 인프라를 만드는 강력한 프로토콜로 발전할 것이다.

탈중앙 자율조직 (Decentralized Autonomous Organization, DAO)

탈중앙 자율조직(DAO)에서의 운영규칙은 스마트 계약에 인코딩되어 누가 어떤 행동이나 업그레이드를 실행할 수 있는지 결정한다.

일반적으로 DAO에서는 거버넌스 토큰이 사용되어 소유자가 미래의 결과에 대한 일정 비율의 투표권을 가질 수 있다. 거버넌스에 대해서는 이 책의 후반부에서 보다 자세히 논의하고자 한다.

상호 운용성 부족(Lack of Interoperability)

여기서는 디파이가 전통적 금융에서의 상호 운용성 부족 문제를 어떻게 해결하는지를 다루고자 한다. 전통적 금융상품들은 통합하기 어렵기 때문에 적어도 한 번 이상의 전신송금(wire transfer)이 필요하고 많은 경우에 있어서 재결합할 수 없다. 디파이 프로토콜들은 쉽게 구성(compose)*될 수 있기 때문에 디파이는 상당한 잠재력을 가지며 새로운 혁신이 기하급수적으로 증가하고 있다. 구성을 위한 기본적인 인프라가 구축되면 차입 및 대출이 가능한 새로운 프로토콜을 바로 결합시킬 수 있으며, 이를 이용하여 다양한 합성자산(synthetic asset)을 만들 수 있다. 예를 들어 차입한 자산을 이용하여 추가적인 레버리지를 조달할 수도 있다. 이러한 구성 가능성(composability)은 새로운 플랫폼이 발생함에 따라 점점 더 많은 방향으로 발전해 나갈 수 있다. 이러한 이유로 기존 프로토콜들을 결합하여 새로운 프로토콜을 만드는 행위를 디파이 레고(DeFi Lego)라고 한다. 다음 섹션에서는 이러한 구성 가능성의 장점인 토큰화(tokenization)와 네트워크 유동성(network liquidity)에

---

* [역자 주] 구성 가능성(composability)은 구성요소의 상호관계를 다루는 시스템의 설계원칙이다. 고도로 구성 가능한 시스템은 특정 사용자의 요구사항을 충족하기 위해 다양한 조합으로 선택 및 조립할 수 있는 구성요소를 제공한다.

대해 설명한다.

토큰화(Tokenization)

토큰화는 디파이 플랫폼을 통합하는 데 중요한 방법이다. 민간 상업용 부동산 투자에 일정 비율의 소유권을 가지고 있다고 가정해 보자. 전통적 금융에서는 이 자산을 대출을 위한 담보로 제공하거나 레버리지 파생상품의 포지션 개설에 필요한 마진으로 사용하기가 매우 어려울 것이다. 디파이에서는 공유 인터페이스가 사용되므로 응용 프로그램은 서로의 자산에 직접 연결되고 재결합하고 필요에 따라 포지션을 세분화할 수 있다. 디파이는 토큰화를 통해 과거에는 비유동적이었던 자산을 유동성화할 수 있다. 간단한 사례로 주식과 같은 단일 자산을 분할주식(fractional share)으로 만들어 거래할 수 있다. 이러한 개념을 확장하여 예술품과 같은 희귀한 자원에 대한 분할 소유권(fractional ownership)을 만들 수도 있다. 토큰은 레버리지나 파생상품과 같은 다른 디파이 서비스에 대한 담보로 사용될 수도 있다.

이러한 패러다임을 이용하여 실제 자산이나 디지털 자산을 모아 토큰의 번들을 만들고 ETF처럼 거래할 수도 있다. 부동산투자신탁(REIT)과 같은 디앱이 있다면 소유자는 REIT를 개별 부동산 단위로 더욱 세분화하여 자신이 선호하는 지리적 위치의 부동산과 구매비율을 선택할 수 있다. 토큰을 소유함으로써 자산이 어떤 식으로 분배되는지를 알 수 있다. 토큰은 탈중앙거래소에서 거래되어 포지션을 청산할 수 있다.

디지털 자산과 비교하여 부동산이나 귀금속과 같은 실물자산(hard asset)을 토큰화하는 것은 매우 어렵다. 이는 실물자산의 소유를 위해 필요한 유지보수 및 저장과 같이 실질적인 고려사항이 코드로 해결될 수 없기 때문이다. 법적 관할권에 따른 상이한 법적 제재 또한 토큰화에 걸림돌이다. 그럼에도 불구하고 대부분의 사용 사례에서 입증된 계약적이고 안전한 토큰화의 효용성을 과소평가해서는 안 될 것이다.

디파이에서 토큰화된 포지션은 다른 플랫폼에서도 사용 가능한 연결된 파생자산이다. 토큰화는 포지션을 휴대할 수 있는 특성과 그에 따른 장점을 가진다. 토큰화를 통한 휴대성의 전형적인 예는 Compound 프로토콜*(제6장 참조)로, 여기서는 포지션에 대해 특정 토큰으로 표시된 변동금리 이자가 지불되는 강력한 대출시장을 형성한다. 예를 들어 기초자산이 ETH인 경우 cETH(cToken)로 알려진 일종의 ETH 예금증서(deposit wrapper)를 기초자산 대신 사용할 수 있다. 그 결과물이 Compound 프로토콜 각각에 대해 변동금리 이자가 지불되는 ETH 기반의 파생상품이다. 따라서 토큰화를 통해 자신의 자산을 Compound에 직접 연결하거나 cToken 인터페이스를 사용하여 Compound에서 이자를 지급받을 수 있으므로 댑스에 새로운 수익모델을 제공한다.

네트워크 유동성(Networked Liquidity)

상호 운용성의 개념은 토큰의 교환에서 유동성 문제와 연결된다. 전통적 거래소, 특히 개인투자자가 일반적으로 사용하는 거래소는 다른 거래소와 유동성을 공유하기가 어렵다. 디파이에서는 계약의

* [역자 주] Compound 프로토콜은 암호화폐 과담보 대출 서비스로 특정 토큰을 예금하고 이를 담보로 원하는 토큰을 대출할 수 있는 서비스이다. Compound는 이 과정에서 사용되는 모든 기초자산을 cToken으로 변환하여 운용한다.

하위 구성요소로서 모든 거래소 앱은 동일한 블록체인에 있는 다른 거래소의 유동성과 환율을 활용할 수 있다. 이러한 특성으로 인해 네트워크 유동성이 가능해지고 동일한 앱 사용자들에게 매우 경쟁력 있는 환율을 제공한다.

VI

디파이 심층분석

DeFi Deep Dive

디파이는 디앱의 기능 유형에 따라 대충 그 부문을 나누어 볼 수 있다. 다수의 디앱이 여러 카테고리에 포함될 수 있기 때문에, 이 책에서는 가장 관련성 높은 카테고리에 배치하고자 한다. 우리는 대출/신용 기능, 탈중앙거래소(DEX), 파생상품, 토큰화(tokenization)의 분류체계로 디파이 플랫폼을 검토한다.[1] 주로 초점을 맞추는 것은 인기가 높은 이더리움 네트워크이지만, 디파이 혁신은 스텔라(Stellar), EOS[2] 등 다수의 블록체인에서 일어나고 있다. 폴카닷(Polkadot)[3]은 지분증명 컨센서스를 채택한 또 다른 플랫폼이다.

신용/대출(Credit/Lending)

MakerDAO

MakerDAO[4](DAO는 탈중앙 자율조직을 뜻한다)는 종종 디파이의 전형으로 여겨진다. 일련의 애플리케이션들이 서로를 기반으로 구축되기 위해서는 반드시 토대가 있어야만 한다. MakerDAO의 주된 부가가치는 암호화폐를 담보로 하는 스테이블코인을 만들어내는 것으로, 이것은 USD에 고정되어 있다. 이는 스테이블코인을 보증, 보관, 감사하기 위한 외부의 중앙기관에 의존하지 않고도 이더리움 블록체인 내에서부터 시스템이 완벽하게 돌아갈 수 있음을 의미한다. MakerDAO는 이중 토큰 모델(two-token model)로, 거버넌스 토큰인 MKR는 플랫폼에서 의결권을 부여하며 가치 확보에 참가한다. 두 번째 토큰은 DAI라 불리는 스테이블코인으로, 나중에 논의될 몇 가지를 비롯한 다수의 프로토콜이 통합되어 있는 디파이 생태계의 주요 토큰이다.

DAI는 다음과 같이 생성된다. 사용자는 ETH 또는 지원되는 기타 ERC-20 자산을 금고(vault)에 예치할 수 있는데, 이 금고는 담보를 예치(escrow)하고 USD로 액수가 매겨진 담보의 가치를 계속해서 파악하는 스마트 계약이다. 이후 이 사용자는 자산 대비 특정 담보비율까지 DAI를 발행할 수 있다. 이는 금고의 소유자가 반드시 갚아야 하는 "채무(debt)"를 생성한다. DAI는 금고의 소유자가 원하는 어떤 방식으로든 사용될 수 있는 유사 자산이다. 예를 들어, 사용자는 DAI를 현금으로 판매하거나 더 많은 담보자산으로 레버리지할 수 있으며,[5] 이 과정을 반복할 수 있다. ETH 및 대부분의 담보 유형의 변동성 때문에, 담보화의 요건은 100%를 한참 초과하며 대개 150~200% 범위 내에 있다.

DAI 메커니즘의 기저에 깔린 기본 아이디어는 새로운 것이 아니다. 그것은 단순히 담보로 보증된 채무일 뿐이다. 예를 들어, 약간의 유동성을 필요로 하는 주택 소유자는 은행에 집을 담보로 맡기고 현금 인출이 포함되도록 설계된 모기지론을 받을 수 있다. ETH의 가격변동성은 주택의 가격변동성보다 훨씬 커서, ETH-DAI 계약의 담보비율은 전통적인 모기지에 비해 더 높다. 또한 모든 일이 이더리움 블록체인 내에서 발생하기 때문에, 중앙기관이 필요하지 않다.

간단한 예를 생각해 보자. 어느 ETH 소유자가 유동성을 필요로 하지만, ETH의 가치가 오를 것이라고 생각하기 때문에, ETH를 팔고 싶어 하지는 않는다고 가정해 보자. 이 상황은 유동성은 필요하지만 집은 팔고 싶어 하지 않는 주택 소유주의 상황과 비슷하다. 어떤 투자자가 시장가 $200의 ETH 5개(총 가치 $1,000)를 가지고 있다고 가정해 보자. 만약 담보화 요건이 150%라면, 이 투자자는 최대 667개의 DAI를 발행할 수 있다(반올림하여 $1,000/1.5). 차입금이 담보가치를 초과할 가능성을 줄이기 위해 담보비율은 높게 설정된다. 또한 DAI 토큰이 USD에 확실히 고정되려면 시스템은 담보물의 가치가 $1=1 DAI 미만일 위험을 피해야 한다.

담보비율이 1.5인 경우, 667개의 DAI를 발행하는 것은 현명하지 못한 일일 것이다. 왜냐하면 ETH가 $200 이하로 떨어지게 되면 계약은 저담보화될 것이기 때문이다. 즉, 마진콜(margin call)에 해당된다는 것이다. 우리는 전통적인 파이낸스 용어를 사용하고 있지만, 디파이에서는 브로커로부터 추가적인 증거금을 내야 한다거나 보유량을 매각해야 한다는 데 관한 어떤 연락도 없으며, 유예기간 역시 없다. 현금화가 즉각적으로 일어날 수 있는 것이다.

그렇듯, 대부분의 투자자는 스스로에게 완충제를 제공하기 위해 667개 미만의 DAI를 발행하기로 결정한다. 어떤 투자자가 DAI 500개를 발행한다고 가정해 보자. 이는 담보비율이 2.0임을 의미한다($1,000/2.0=500). 두 가지 시나리오를 살펴보도록 하자. 먼저, ETH의 가격이 50% 상승해 담보의 가치가 $1,500가 되었다고 가정해 보자. 이제 투자자는 대출규모를 늘릴 수 있다. 이 투자자는 200% 담보화를 유지하기 위해 250개의 DAI를 추가로 발행할 수 있다.

보다 흥미로운 시나리오는 담보의 가치가 떨어질 때이다. ETH의 가치가 $200에서 $150로 25% 하락한다고 가정해 보자. 이 경우 담보의 가치는 $750, 담보비율은 1.5로 떨어진다($750/1.5=500).

금고의 소유자는 세 가지 시나리오에 직면한다. 첫째, 계약에서 담보의 양을 늘릴 수 있다(예를 들어, 1 ETH 추가). 둘째, 500 DAI로 대출금을 갚고 5 ETH를 돌려받는다. 이제 5 ETH의 가치가 $250 낮아졌으나, 가치 하락은 대출과는 상관없이 일어났을 것이다. 셋째, 현금화에 적합한 계약을 찾는 것으로 인센티브를 받는 키퍼(keeper, 외부 행위자)에 의해 대출금이 청산된다. 키퍼는 대출금을 갚기에 충분한 DAI를 얻기 위해 ETH를 경매에 부친다. 이 경우 3.33 ETH는 판매되고, 1.47 ETH는 금고의 소유자에게로 반환된다(키퍼는 0.2 ETH에 대한 인센티브 수수료를 받는다). 그렇다면 금고 소유자는 $500 가치의 500 DAI와 $220 가치의 1.47 ETH를 보유하게 된다. 이 분석에 가스비는 포함되어 있지 않다.

이 과정에서 두 가지 힘이 DAI의 안정성을 강화시키는데, 그것

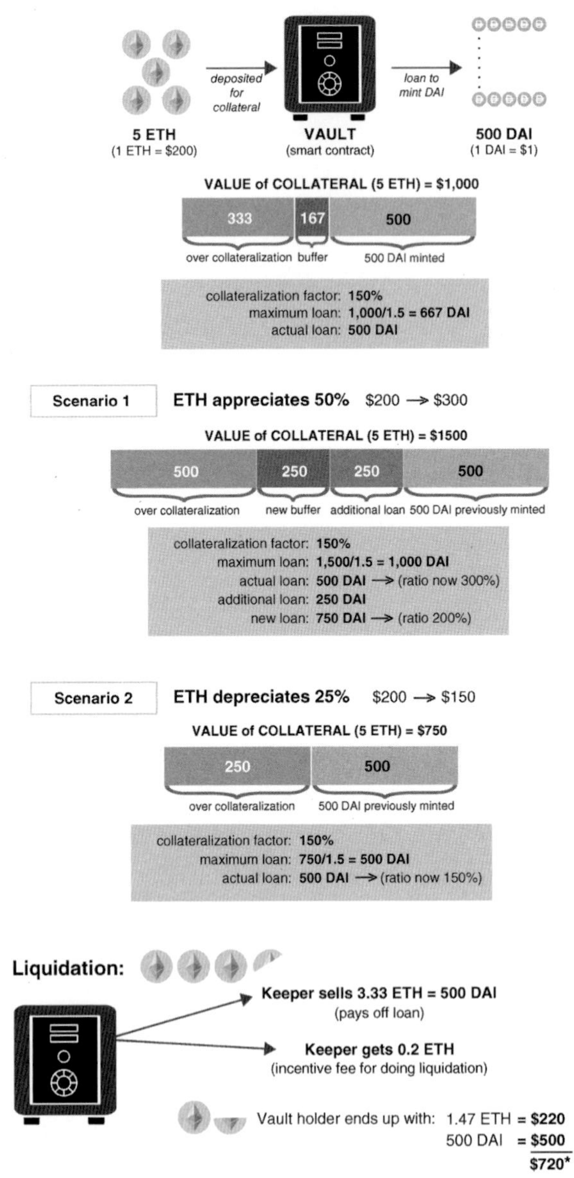
deposited for collateral
loan to mint DAI
5 ETH
(1 ETH = $200)
VAULT
(smart contract)
500 DAI
(1 DAI = $1)
VALUE of COLLATERAL (5 ETH) = $1,000
333
167
500
over collateralization
buffer
500 DAI minted
collateralization factor: 150%
maximum loan: 1,000/1.5 = 667 DAI
actual loan: 500 DAI
Scenario 1
ETH appreciates 50% $200 → $300
VALUE of COLLATERAL (5 ETH) = $1500
500
250
250
500
over collateralization
new buffer
additional loan
500 DAI previously minted
collateralization factor: 150%
maximum loan: 1,500/1.5 = 1,000 DAI
actual loan: 500 DAI → (ratio now 300%)
additional loan: 250 DAI
new loan: 750 DAI → (ratio 200%)
Scenario 2
ETH depreciates 25% $200 → $150
VALUE of COLLATERAL (5 ETH) = $750
250
500
over collateralization
500 DAI previously minted
collateralization factor: 150%
maximum loan: 750/1.5 = 500 DAI
actual loan: 500 DAI → (ratio now 150%)
Liquidation:
Keeper sells 3.33 ETH = 500 DAI
(pays off loan)
Keeper gets 0.2 ETH
(incentive fee for doing liquidation)
Vault holder ends up with: 1.47 ETH = $220
500 DAI = $500
$720*
*Abstracts from gas fees

[그림 6.1] MakerDAO의 DAI 작동원리

은 바로 과담보화와 시장의 작용이다. 현금화 과정에서 ETH는 매각되고 DAI는 매입됨으로써 DAI에 긍정적인 가격 압박을 가한다. 이 간단한 예가 MakerDAO 생태계의 많은 특징들을 다루지는 않는다([그림 6.1]). 특히 수수료 메커니즘과 대출한도는 이제부터 우리가 살펴볼 사항이다.

MakerDAO 생태계의 생존력은 결정적으로 DAI가 USD 대비 1 : 1 페그(peg, 환율이나 가격 등의 설정 기준)를 유지하는 데 달려 있다. 이 페그까지 가격을 몰아가기 위해 수요와 공급을 장려하기 위한 다양한 메커니즘이 마련되어 있다. 페그의 유지를 위한 주요 메커니즘으로는 부채 상한, 안정화 수수료, DAI 저축률(DSR)이 있다. 이러한 파라미터들은 거버넌스 토큰인 MKR의 소유자와 MakerDAO 거버넌스에 의해 제어되는데, 여기에 관해서는 본 단락의 마지막 부분에서 논의하기로 한다.

안정화 수수료란 금고의 소유자가 자신이 발생시키는 DAI 부채에 대해 DAI로 지불하는 변동금리를 말한다. 이 금리는 DAI의 가격을 페그로 몰아가기 위한 DAI의 발생 또는 상환을 장려하기 위해 인상되거나 인하(심지어 음의 값으로)될 수 있다. 안정화 수수료는 DSR, 즉 DAI 소유자라면 누구나 자신의 DAI 예치금으로부터 얻을 수 있는 변동금리에 자금을 제공한다. DSR은 블록당 복리로 계산된다. 반드시 언제나 DSR보다 크거나 같아야 하는 안정화 수수료는 플랫폼을 작동시키는 스마트 계약에 의해 집행된다. 중앙금융에서는 대출금리가 언제나 예금금리보다 높은 것이 이와 유사하다. 마지막으로 스마트 계약상의 부채 상한은 현재의 수요 수준을 충족시키기 위한 다소간의 공급을 감안해 조정 가능하다. 만약 프로토콜이 부채 상한에 걸릴 경우, 기존 대출을 갚거나 상한이 인상되기 전까지는 새로운 금고에서 새로운 DAI는 발행할 수 없다.

청산의 문턱에 걸리지 않기 위해 사용자는 더 많은 담보를 금고에 예치해 안전하게 DAI를 담보 상태로 유지할 수 있다. 청산비율에 미치지 못하는 상태로 간주되면, 키퍼는 그 상태를 청산하고 금고 소유자의 부채를 상환하기 위해 경매(즉, ETH 담보[6]의 일부를 판매하는 것이다)를 시작할 수 있다. 청산 페널티(liquidation penalty)는 부채의 일정 비율로 계산되며, 이 상태를 종결하는 데 필요한 금액을 더해 담보에서 공제된다.

경매 후 남은 담보는 금고 소유자에게 돌아간다. 청산 페널티는 시장 참여자들이 금고를 감시하고 저담보화 상태가 되었을 때 경매를 촉발시키는 인센티브로 작용한다. 만약 담보의 가치가 너무 많이 떨어져서 DAI 부채를 완전히 상환할 수 없다면, 대출 계약은 종결되고 프로토콜은 프로토콜 부채(protocol debt)를 축적한다. DAI의 버퍼 풀은 일정량까지 DAI를 보호하기 위해 존재한다. 해결책은 거버넌스 토큰인 MKR와 거버넌스 시스템을 수반한다.

MKR 토큰은 MakerDAO를 제어한다. 토큰의 소유자는 새로운 담보의 유형을 지원하거나 담보화 비율과 같은 파라미터들을 수정하는 등의 프로토콜 업그레이드에 투표할 권리를 지닌다. MKR 소유자들은 플랫폼의 최선의 재무적 이익을 위한 결정을 내릴 것으로 예상된다. 그들의 인센티브는 플랫폼의 거버넌스 안에서 건강한 플랫폼은 토큰 소유자들의 몫의 가치를 증대시켜야 한다는 것이다. 예를 들면, 형편없는 거버넌스 때문에 버퍼 풀이 프로토콜 부채를 상환하기에 불충분할 수 있다. 만약 다른 채무 상환 수단들이 모두 실패했다면, 글로벌 결제(global settlement)는 새로 주조한 MKR 토큰을 경매에 부쳐 DAI를 얻고 그 DAI로 빚을 갚는 데 사용될 수 있는 안전장치이다. 글로벌 결제는 MKR의 지분을 희석시키므로 주주들은 이를 피하고 프로토콜 부채를 최소한으로 유지해야 하는 유인을 갖는다.

MKR 소유자들은 집합적으로 MakerDAO의 미래를 소유한 사람들이다. 제안과 그에 상응하는 공인된 투표로 플랫폼에서 이용 가능한 어떤 파라미터도 바꿀 수 있다. 기타 가능한 파라미터의 변경으로는 금고를 위한 새로운 담보 유형을 지원하거나 기능성에 업그레이드를 추가하는 것 등이 있다. 예를 들어, MKR 소유자들은 금고 소유자들이 지불하는 이자 지불액과 DAI 저축률 사이의 차액을 원천으로 자신들에게 배당금이 지급되도록 투표할 수 있다. 이 배당금을 받는 보상은 프로토콜과 MKR 토큰의 가치를 떨어뜨릴 수 있는 커뮤니티의 어떤 부정적인 반응(예를 들어, 지대 추구가 없는 프로토콜로부터 지대를 추구하는 것에 대한 반발)과도 비교 검토할 필요가 있다.

많은 기능들이 사용자들에게 DAI를 매력적으로 만들어준다. 중요한 것은 사용자들이 금고에 DAI를 생성시킬 필요 없이 DAI를 구매하고 사용할 수 있다는 점이다. 즉, DAI가 어떻게 생성되는지에 대한 근본적인 메커니즘은 알 필요 없이, 그저 교환을 통해 DAI의 구매가 가능하다는 것이다. 소유자들은 프로토콜을 사용함으로써 DAI 저축률을 올릴 수 있으며, 기술적으로 그리고 재무적으로 보다 수준 높은 사용자일수록 MakerDAO의 웹 포털을 사용하여 금고를 생성하고 DAI를 생성해 자산을 매각하지 않고도 자신들의 자산으로부터 유동성을 얻을 수 있다. DAI를 매각하고 담보자산의 가산액을 매입해 레버리지를 얻는 것은 용이한 일이다.

DAI의 두드러진 단점이라면, 그 공급이 항상 ETH 담보 부채의 수요에 의해 제약을 받는다는 점이다. 페그를 유지하기 위한 명확한 차익거래의 순환(arbitrage loop)은 존재하지 않는다. 예를 들어, 스테이블코인 USDC는 코인베이스(Coinbase)에 의해 $1에 언제나 수수료 없이 상환 가능하다. 차익금을 바라고 거래를 하는 이들은 (코인베이스의 지불능력을 전제로 했을 때) 다른 곳에서 USDC를 할인가에 매입하거나 프리미엄이 붙은 가격에 매각할 수 있는 보장된 전략을 가지고 있다. DAI의 경우에는 이것이 사실이 아니다. 단점과 상관없이 DAI의 단순성은 DAI를 다른 디파이의 응용을 위한 필수 구성요소로 만든다(〈표 6.1〉).

〈표 6.1〉 MakerDAO가 해결하는 문제점

전통적 금융의 문제점	MakerDAO 솔루션
중앙통제: 금리는 미연방준비위원회 및 대출상품 접근에 대한 정책과 규제에 의해 영향을 받음	MakerDAO 플랫폼은 MKR 보유자들에 의해 공개적으로 제어됨
제한된 액세스: 대다수의 사람들은 대출을 얻는 데 어려움을 겪고 있음	지원되는 어떠한 ERC-20 토큰으로도 과담보화하여 DAI 대출을 얻는 것은 개방되어 있음. 경쟁력 있는 USD 기준 DSR 수익률에 대한 접근도 개방되어 있음
비효율성: 대출과정에 상당한 시간과 비용이 수반됨	버튼을 누름과 동시에 최소의 비용으로 즉각적인 대출 실행
상호 운용성 부족: 스마트 계약에서 USD 또는 USD로 담보된 토큰을 신뢰 없이 사용 불가	DAI는 암호화폐로 뒷받침되고 허가 없이 USD를 추종하는 스테이블코인임. DAI는 모든 스마트 계약과 디파이 애플리케이션에서 사용 가능
불투명성: 대출기관의 불명확한 담보화	전체 생태계가 볼 수 있는 금고의 투명한 담보화 비율

Compound

Compound는 차입과 대출(borrowing and lending)을 위한 서로 다른 여러 ERC-20 자산을 제공하는 대출시장(lending market)이다. 단일 시장 내의 모든 토큰은 함께 공동 출자되어, 모든 채권자는 동일한 변동금리를 받고, 모든 채무자는 동일한 변동금리를 지불한다. 신용등급의 개념은 필요치 않다. 그리고 이더리움의 계좌는 익명이기 때문에 대출 불이행 시 상환을 강제하는 것은 사실상 불가능하다. 이러한 이유로 모든 대출은 대출되는 담보자산과는 다른 담보자산으로 과담보화된다. 만약 빌리는 사람이 담보비율을 하회하면, 채무 변제를 위해 보유량은 처분된다. 부채는 키퍼에 의해 청산될 수 있는데, 이는 MakerDAO의 금고에서 사용되는 과정과 유사하다. 키퍼는 그들이 청산하는 각각의 부채 단위마다 보너스 인센티브를 받는다.

담보비율은 collateral factor를 통해 계산된다. 플랫폼에서 각각의 ERC-20 자산은 저마다 0%부터 90%까지의 범위 내의 collateral factor를 갖는다. 0의 collateral factor는 담보로 사용될 수 없는 자산을 의미한다. 단일 담보 유형에 필요한 담보비율은 100을 collateral factor로 나눈 값으로 계산된다. 변동성 자산은 일반적으로 그 collateral factor가 더 낮은데, 이는 저담보화로 이어질 수 있는 가격변동의 위험이 커지기 때문에 더 높은 담보비율을 요구한다. 하나의 계좌가 다수의 담보 유형을 한꺼번에 사용할 수 있는데, 이 경우 담보비율은 100을 포트폴리오에서 (일반 통화로 표시되는) 상대적인 규모에 의한 담보 유형의 가중평균으로 나눈 값으로 계산된다.

담보비율은 전통 은행권의 예비 승수(reserve multiplier)와 유사해서, “실질” 공급에 비례하여 시스템 내에 있을 수 있는 “빌린” 달러를 제한한다. 예를 들어, 때때로 Compound 내에는 MakerDAO가 실제로 공급하는 양보다 더 많은 DAI가 존재하는데, 이는 사용자가 DAI를 빌려 재공급하거나 또는 재공급하는 다른 사람들에게 판매하기 때문이다. 중요한 것은 모든 MakerDAO의 공급은 궁극적으로 실질 담보에 의해 뒷받침되며, 공급된 것보다 더 많은 담보가치를 빌릴 방법은 없다는 점이다.

예를 들어, 투자자가 collateral factor 90에 100개의 DAI를 예치한다고 가정해 보자. 이 거래 자체만으로는 필수 담보비율 111%에 해당한다. 1 DAI=$1라고 가정하면, 투자자는 Compound 내에

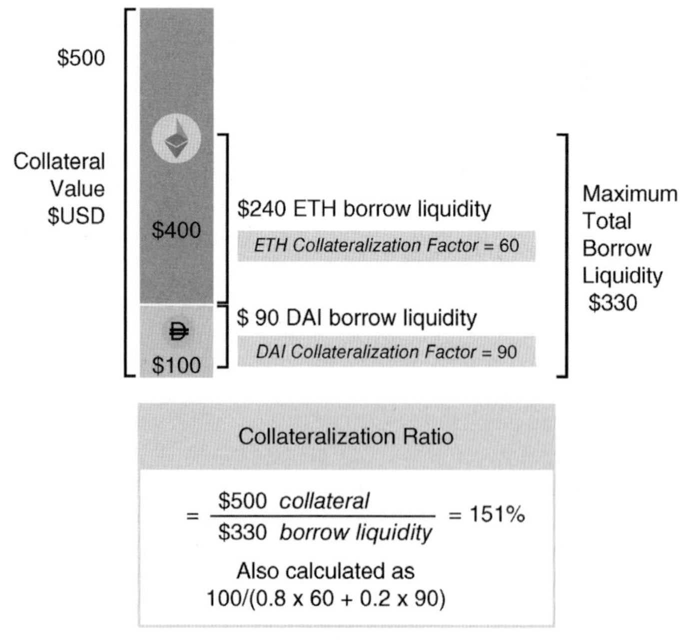

[그림 6.2] Compound 내에서의 담보비율

서 기타 자산을 최대 $90까지 빌릴 수 있다. 만약 이 투자자가 최대치를 빌리고 빌린 자산의 가격이 조금이라도 오른다면, 그 보유량은 청산 대상이 된다. 이 투자자가 collateral factor 60에 개당 $200 가격으로 ETH도 2개 예치한다고 가정해 보자. 총 공급 균형은 이제 $500로, 80%는 ETH에 20%는 DAI에 있다. 필수 담보비율은 다음과 같다. 100/(0.8×60+0.2×90)=151%([그림 6.2])

공급 및 대출 금리는 매 블록마다 복리로 계산되며(이더리움이 연속복리에 근사한 것을 생성하는 데 약 15초), 시장에서의 이용률(utilization ratio)에 따라 결정된다. 이용 상황은 총 대출/총 공급으로 계산된다. 이용률은 금리를 결정하는 공식의 입력 파라미터로 사용된다. 나머지 파라미터들은 Compound 거버넌스(Compound Governance)에 의해 설정되며, 본 단락 말미에 설명하기로 한다.

대출이자율(borrow rate) 공식은 일반적으로 대출수요(borrow demand) 0%에서의 이자율을 나타내는 y절편과 이자율의 변동률을 나타내는 기울기로 이루어진 증가하는 선형 함수이다. 이러한 파라미터들은 플랫폼이 지원하는 각각의 ERC-20 자산마다 서로 다르다. 일부 시장은 킹크(kink), 즉 기울기가 가팔라지는 이용률을 포함하는 보다 진화한 공식들을 가지고 있는데, 이러한 공식들은 킹크 지점까지 대출비용을 줄인 다음, 이후부터 대출비용을 늘려 최소 수준의 유동성을 장려하는 데 쓰일 수 있다.

공급금리(supply interest rate)는 대출납입금(borrow payments)이 공급이자율(supply rates)을 완전히 커버할 수 있도록 대출이자율(borrow rate)에 이용률을 곱한 것이다. reserve factor란 공급자에게 지급되는 대신 대출자가 채무를 이행하지 않을 경우에 대비해 보험 역할을 하는 예비 풀(reserve pool)에 따로 넣어두는 대출납입금의 비율을 말한다. 극단적인 가격의 움직임에서 매매약정(positions) 다수는 공급자에게 상환할 자금이 부족하다는 점에서 저담보화될 수도 있다. 그러한 시나리오의 경우에는, 공급자들에게 예비 풀의 자산을 사용해 상환될 것이다.

여기 이자율(rate) 메커니즘의 구체적인 예가 있다. DAI 시장에서 1억 개의 DAI가 공급되고 5천만 개의 DAI가 차입된다. 기준금리가 1%, 기울기가 10%라고 가정해 보자. 5천만 개가 차입되었을 때 이용률은 50%이다. 그러면 대출이자율을 계산하면 0.5×0.1+0.01=0.06, 즉 6%가 나온다. (reserve factor를 0이라 가정할 때) 최대 공급이자율은 간단히 0.5×0.06=0.03, 즉 3%가 나올 것이다. 만약 reserve factor가 10으로 설정된다면, 대출이자의 10%는 DAI 예비 풀로 전용되어 공급이자율을 2.7%까지 낮추게 된다. 공급이자율에 대해 생각해 볼 수 있는 또 다른 방법은 DAI 5천만 개에 대한 6%의 대출이자가 3백만 개의 대출납입금에 해당한다고 보는 것이다. 납입금 3백만 개를 1억의 공급자에게 나누어주는 것은 모든 공급자에게 3%의 이자율을 의미한다.

킹크(kink)와 관련된 보다 복잡한 예시를 위해 1억 개의 DAI가 공급되고, 9천만 개의 DAI가 대여된 90% 이용률을 가정하자. 킹크가 80% 이용률이고 그 이하에서는 기울기가 10%, 그 이상에서는 40%라고 하면 대출이자율은 이용률이 80%를 초과할 때 훨씬 높아지는 것을 의미한다. 기준금리는 1%로 유지된다. 대출금리는 0.01(기준)+0.8×0.1(킹크 이하)+0.1×0.4(킹크 이상)=13%이다. 공급이자율은 (reserve factor를 0이라 가정할 때) 0.9×0.13=11.7%이다([그림 6.3]).

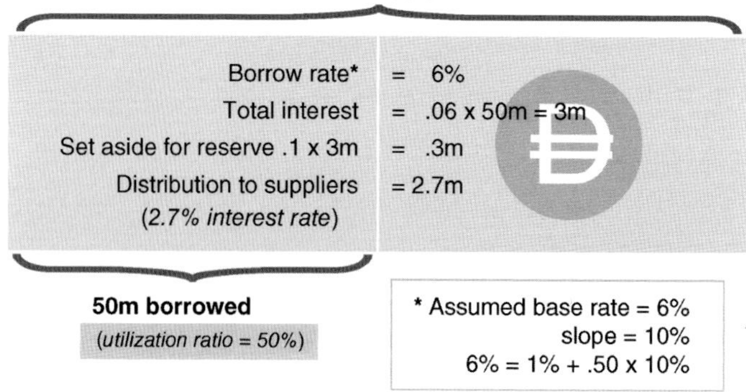

[그림 6.3] Compound의 저축 및 대출 이자율

Compound 대출시장의 효용(utility)은 간단하다. 그것은 (적어도 현재의 규칙에서는) 사용자가 자산을 매도하거나 과세사건을 발생시키지 않고 자산의 가치를 드러낼 수 있게 해주는데, 이는 주택 지분신용한도와 비슷하다. 또한, 사용자는 차입된 자산을 경쟁력 있는 통합 요율 및 승인 프로세스 없이 레버리지 매수 또는 공매도 포지션을 설계하는 데 사용할 수 있다. 가령 투자자가 ETH 가격 약세를 예상한다면, DAI나 USDC 등 스테이블코인을 담보로 예치한 뒤 ETH를 빌리고 이를 매도하여 스테이블코인을 더 많이 매입한다. ETH의 가격이 하락하면 투자자는 DAI의 일부를 이용해 (저렴하게) ETH를 매입하여 부채를 상환한다. Compound는 투자자의 위험 선호도에 맞춰 몇 종류의 변동성이 높은 토큰과 안정적인 토큰을 제공하고, 새로운 토큰도 지속적으로 추가된다.

Compound 프로토콜은 플랫폼 자체의 유동성을 유지하고 각 시장에서 각 개인의 소유권 지분을 추적하기 위해 예금자로서 토큰을 예치해야 한다. 단순한 접근법은 계약 안의 숫자를 추적하는 것이다. 이보다 좋은 접근법은 사용자의 지분을 토큰화하는 것이다. Compound는 cToken을 사용하여 이를 수행하며, 이는 플랫폼의 중요한 혁신 중 하나이다.

Compound의 cToken은 기반 Compound 시장의 소유권 지분을 대표하는 자체 권리 내의 ERC-20이다. 예를 들어 cDAI는 Compound DAI 시장에 해당하고 cETH는 Compound ETH 시장에 해당한다. 특정 투자자의 보유량을 추적하기 위한 수단으로서 두 토큰 모두 기초시장에서 추가되고 제거되는 펀드에 비례하여 발행 및 소각된다. 공급자에게 지속적으로 발생하는 이자 지급 때문에, 이 토큰들은 항상 기초자산보다 가치가 높다. 이러한 방식으로 프로토콜을 설계하면 cToken이 보통의 ERC-20 자산처럼 자체적으로 거래될 수 있다는 이점이 있다. 이 특성은 cToken을 보유하는 것만으로 다른 프로토콜이 Compound와 원활하게 통합될 수 있도록 하며, 사용자는 cToken을 MakerDAO 금고의 담보로 사용하는 것처럼 다른 기회에 직접 cToken을 사용할 수 있게 한다. 투자자는 ETH를 담보로만 사용하는 대신 cETH를 사용하여 ETH 담보에 대한 대출이자를 얻을 수 있다.

예를 들어, Compound DAI 시장에 2,000 DAI가 있고 총 500 cDAI가 시장의 소유권을 나타낸다고 가정하자. 이 cDAI 대 DAI 비율은 결정되어 있는 것이 아니며 쉽게 500,000 cDAI가 될 수 있다. 원래 1 cDAI가 4 DAI의 가치가 있지만, 시장에서 더 많은 관심이 쌓인다면 그 비율은 바뀔 것이다. 어떤 거래자가 들어와서 1,000 DAI를 예치하면 공급은 50% 증가한다([그림 6.4]). 따라서 Compound 프로토콜은 50% 또는 250개의 더 많은 cDAI를 발행하고 이 금액을 거래자의 계좌로 이체한다. 10%의 이자율을 가정

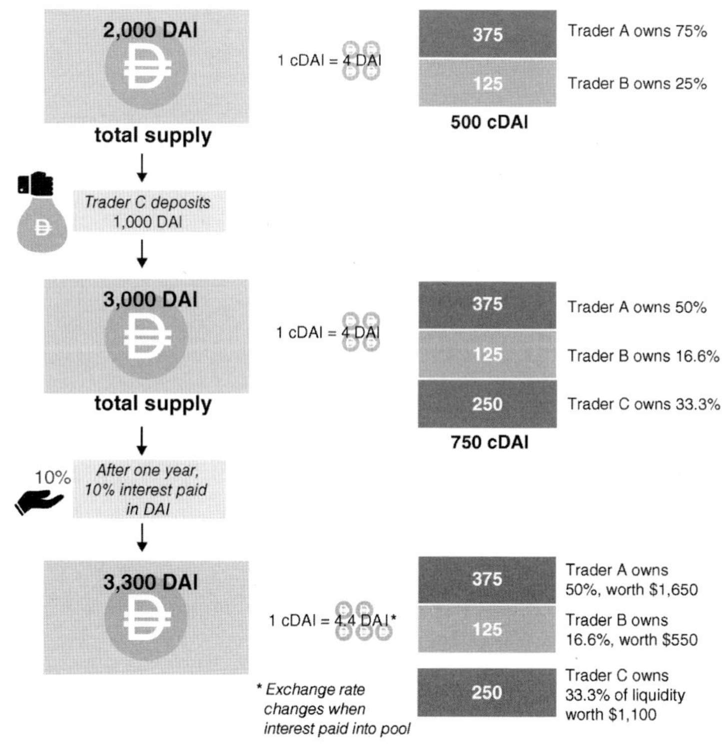

[그림 6.4] Compound의 지분 토큰(cToken) 작동원리

하면 연말에 3,300 DAI가 될 것이며, 거래자의 250 cDAI는 총 DAI의 1/3인 1,100 DAI에 교환될 수 있다. 거래자는 DAI 대신 cDAI를 사용할 수 있으므로 DAI는 가만히 있지 않고 Compound 풀을 통해 이자를 얻는다. 예컨대, 거래자는 dYdX에 영구 선물 포지션을 개설하는 데 필요한 담보로 cDAI를 사용하거나 cDAI 트레이딩 페어를 사용하여 유니스왑(Uniswap)에 시장 조성을 할 수 있다(dYdX와 유니스왑은 뒷부분에서 논의될 예정이다).

담보비율(collateral factor), 예비비율(reserve factor), 기준금리, 기

울기, 킹크 등의 Compound의 기능에 대한 여러 다양한 변수들은 모두 조정 가능하다. 이러한 변수를 조정할 수 있는 주체는 Compound 거버넌스(Compound Governance)이다. Compound 거버넌스는 변수를 변경하거나, 신규 시장을 추가하고, 시장에서 신규 예금 또는 차입을 개시하는 능력을 동결하고, 계약 코드의 일부를 업그레이드할 수 있는 힘을 가지고 있다. 중요한 점은 Compound 거버넌스가 자금을 빼돌리거나 사용자가 자금을 인출하는 것을 막을 수는 없다는 것이다. Compound의 성장 초기에 거버넌스는 다른 기술 스타트업과 마찬가지로 개발 관리자에 의해 제어되었다. 대부분의 디파이 프로토콜과 마찬가지로 Compound의 강력한 개발 목표는 개발 관리자의 접근을 제거하고, 거버넌스 토큰을 통해 DAO의 리더십에 대한 프로토콜을 배포하는 것이었다. 이 토큰을 통해 주주 및 커뮤니티 구성원들이 집합적으로 Compound 거버넌스가 되어 업그레이드 또는 변수 조정을 제안할 수 있게 되었다. 어떠한 변경사항이든 이를 적용하기 위해서는 정족수 합의가 요구된다.[7]

Compound는 2020년 5월 COMP 토큰을 통해 이 새로운 거버넌스 시스템을 구현했다. COMP는 변수 조정, 신규 자산 지원 추가, 기능 업그레이드와 같은 프로토콜 업데이트에 투표하기 위해 사용된다(MakerDAO의 MKR와 유사하다). 2020년 6월 15일, 각 시장의 차입량을 기준으로 플랫폼 사용자에게 COMP 토큰을 분배하는 제7차 거버넌스 제안이 통과되었다.[8] 그 제안은 테크기업이 사용자들에게 기업의 주식을 주는 것과 비슷한 경험을 제공했다. COMP 토큰은 공급자와 대출자 모두에게 분배되며 요금의 보조 역할을 한다. 공공 시장에 토큰이 출시되면서 COMP의 시가총액은 20억 달러 이상으로 치솟았다. 보급률의 가격대가 워낙 높아 대부분의 시장에서 차입이 수익성이 있는 것으로 나타났다. 이러한 차익거래 기회는 플랫폼에 상당한 양을 끌어들였고, 커뮤니티 거버넌스는 사용 관리를 돕기 위한 여러 제안을 만들어 통과시켰다.

Compound 프로토콜은 더 이상 전원을 끌 수 없으며 이더리움이 존재하는 한 이더리움상에 존재할 것이다. 다른 플랫폼들은 Compound에 있는 자금을 예치(escrow)하여 사용자들에게 부가가치를 제공하거나 새로운 비즈니스 모델을 가능하게 할 수 있다. 이것의 흥미로운 사례는 PoolTogether[9]이다. 'PoolTogether'는 모

〈표 6.2〉 Compound가 해결하는 문제점

전통적 금융의 문제점	Compound 솔루션
중앙통제: 대출 및 예금 금리는 기관에 의해 조정	Compound의 금리는 알고리즘에 의해 결정되고 시장 파라미터에 대한 조정은 사용자에게 가치를 제공하는 인센티브로서 COMP 지분 소유자에게 주어짐
제한된 액세스: 고수익 USD 투자 기회 또는 대출에 대한 접근이 어려움	지원되는 모든 자산에 대해 경쟁적인 알고리즘에 의해 결정되는(한시적으로 COMP 토큰에 의해 보조되는) 금리로 대출 및 예금하는 것은 개방되어 있음
비효율성: 비용 부풀리기로 인한 대출 및 예금에 차선적 금리 적용	알고리즘에 의해 풀(pool)되고 최적의 이자율
상호 운용성 부족: 다른 투자 기회를 위한 공급 포지션의 용도변경 불가	cToken을 통한 토큰화된 포지션은 정적인 자산을 수익을 창출하는 자산으로 변모시킬 수 있음
불투명성: 대출기관의 불투명한 담보화	전체 생태계가 볼 수 있는 대출자의 투명한 담보화 비율

든 이용자의 자금을 Compound에 예치하되, 정해진 간격으로 풀 전체의 이자를 무작위로 예금주 한 명에게 지급하는 무손실 복권[10] 이다. 서로 다른 이더리움 토큰에서 유동성을 생성하거나 차입하는 쉽고 즉각적인 접근은 Compound를 디파이의 중요한 플랫폼으로 만든다(〈표 6.2〉).

Aave

Aave[11](2017년 출시)는 Compound와 유사한 대여시장 프로토콜이며 몇 가지 향상된 기능을 제공한다. Aave는 Compound가 제공하는 것 이상으로 공급과 차입을 위한 많은 추가적인 토큰을 제공한다. 이 글을 쓰는 시점에서 Compound는 9개의 개별 토큰(서로 다른 ERC-20 이더리움 기반 자산)을 제공하고, Aave는 이 9개의 토큰과 Compound에 제공되지 않은 13개의 토큰을 추가로 제공한다. 중요한 것은, Aave 대출금리와 변동 차입금리는 더욱 예측 가능한데, Compound 내 변동 COMP 토큰과 달리 보조금이 개입되지 않기 때문이다.

Aave 프로토콜은 완전히 새로운 시장을 창출할 수 있는 능력을 지원한다. 각 시장은 자체적인 토큰 풀 그룹과 그에 상응하는 공급 및 차입 금리로 구성된다. 별도의 시장을 만드는 것의 이점은 시장의 지원 토큰이 그 시장에서만 담보로 작용하여 다른 시장에 영향을 미칠 수 없으므로 잠재적인 전염을 완화한다는 것이다.

Aave는 현재 2개의 주요 시장을 가지고 있다. 첫 번째는 ETH, USDC, DAI와 같은 자산을 지원하는 Compound와 유사한 더욱 전통적인 ERC-20 토큰을 위한 것이다. 두 번째는 유니스왑 LP 토큰에 한정된다. 예를 들어, 사용자가 유니스왑 시장에 담보물을 예치하면, 시장에서 자신의 소유권을 나타내는 LP 토큰을 받는다. LP 토큰은 Aave의 유니스왑 시장에 예치되어 추가수익을 창출할 수 있다.

Aave는 또한 모든 시장에서 플래시 론(제4장에서 논의)을 지원하고 있으며, 많은 소형 자본 토큰의 플래시 유동성의 유일한 공급원이다. Aave는 플래시 론을 실행하기 위해 대출금액에 9 bps의 수수료를 부과한다. 수수료는 자산 풀에 지급되며 공급자에게 추가적인 투자수익을 제공한다. 플래시 론의 중요한 활용 사례는 리파이낸싱의 수단으로서 사용자들이 자본에 빨리 접근할 수 있게 하는 것이다. 이 기능은 디파이에 있어 일반 인프라로서나 긍정적인 사용자 경험(UX)의 구성요소로서 매우 중요하다.

예컨대 ETH의 가격이 200 DAI라고 가정하자. 사용자가 Compound 내 100 ETH를 공급하고 1만 DAI를 빌려 50 ETH를 추가로 구매하고 이 또한 Compound에 공급한다. Compound의 DAI 차입금리는 15%이지만, Aave의 차입금리는 5%라고 가정하자. 목표는 Aave에서 제공되는 낮은 이자율의 장점을 활용하여 차입금을 리파이낸싱하는 것인데, 이는 중앙식 금융에서는 시간이 오래 걸리고 비용도 높은 모기지 리파이낸싱과 유사하다.

한 가지 방법은 Compound에서 각각의 거래를 수동으로 풀고 Aave에서 두 거래를 다시 실행하여 레버리지 포지션을 재구성하는 것이지만, 이 방법은 교환 수수료와 가스비 측면에서 낭비가 심하다. 이보다 쉬운 방법은 Aave로부터 10,000 DAI에 대한 플래시 론을 받아, Compound의 부채 상환에 사용하고, 150 ETH 전액을 인출하여, Aave에 다시 공급하고, 플래시 론 상환을 위한 담보에 대해 정상적인 Aave 차입 포지션(연이율 5%)을 만드는 것이다

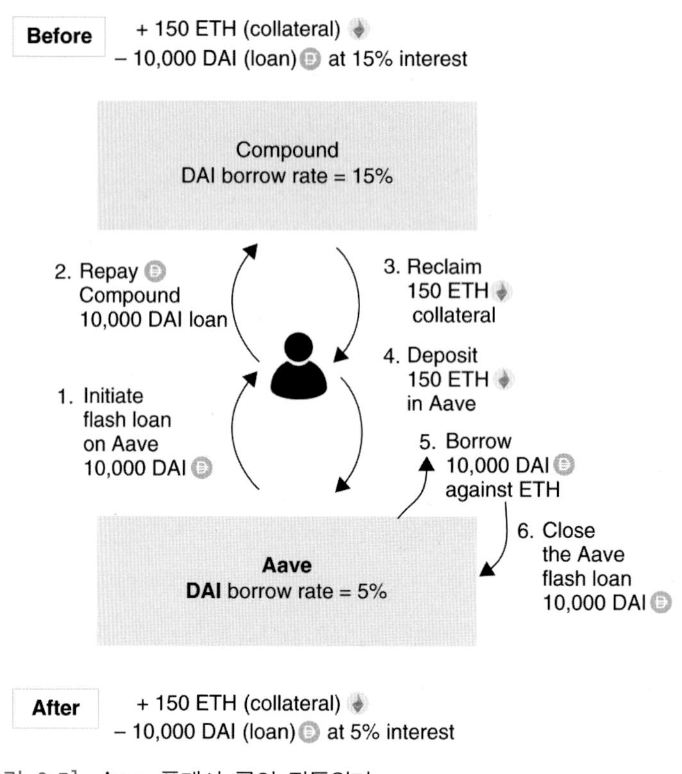

[그림 6.5] Aave 플래시 론의 작동원리

([그림 6.5]). 후자의 접근법은 레버리지를 풀고 재설정하기 위해 ETH를 DAI와 교환하는 단계를 효과적으로 생략한다.

앞의 예에서 볼 수 있듯이 리파이낸싱에 사용된 플래시 론은 사용자가 버튼을 한 번 누르는 것으로 어느 디앱에서 다른 디앱으로 레버리지 포지션을 바꿀 수 있는 디파이 고객 애플리케이션을 가능하게 한다. 이러한 애플리케이션은 심지어 Maker DSR(DAI Savings Rate), Compound, dYdX 및 Aave를 포함한 여러 경쟁자들 중 APR에 맞게 포트폴리오를 최적화할 수도 있다.

Aave의 혁신(그리고 이 책을 집필하는 시점에서 Aave에서만 가능)은 "안정적" 금리 대출이다("안정적"이라는 표현을 의도적으로 선택한 이유는 "고정금리"라고 표현하지 않기 위함이다). 대출자는 변동금리와 현재의 안정적 금리 사이에서 전환할 수 있는 선택권을 갖는다. 공급이자율은 항상 변화하는데, 이는 대출자가 모두 시장을 떠나는 것과 같은 특정한 환경에서 고정 공급이자율에 자금을 모을 수 없기 때문이다. 공급자는 항상 전체적으로 안정적 차입금 이자와 변동적 차입금 이자 지급액에서 플랫폼에 대한 수수료를 뺀 금액을 얻는다.

안정적 금리는 고정금리가 아닌데, 이는 유동성이 극도로 경색되면 금리를 조정할 수 있고 시장 여건이 허락될 경우 더 낮은 금리로 리파이낸싱할 수 있기 때문이다. 또한, 특정한 안정적 금리에서 어느 정도의 유동성이 제거될 수 있는지에 대한 몇 가지 제약이 존재한다. 알고리즘에 의한 안정적 차입금리는 변동금리 포지션의 불확실성 없이 레버리지를 갖고자 하는 위험회피 투자자들에게 가치를 제공한다.

Aave는 사용자가 원하는 자산을 빌리는 데 사용할 수 있는 담보물을 잠재적 대출자에게 할당할 수 있는 신용 위임(credit delegation) 기능을 개발하고 있다. 무담보이며 신뢰에 의존하는 이 프로세스는 전통적인 금융에서의 무담보대출 관계를 허용할 뿐 아니라 잠재적으로는 유동성 조달의 측면에 수문을 활짝 연다. 신용 위임 계약에는 무담보대출의 위험을 보상하기 위한 수수료와 신용점수가 포함될 것으로 보인다. 궁극적으로, 위임자는 누가 적격 대출자이고 어떤 계약조건이 충분한지 결정할 수 있는 유일한 재량권을 갖는다. 중요한 것은 신용 위임 조건이 스마트 계약에 의해 조정될 수 있다는 것이다. 대안으로는, 위임받은 유동성이 스마트 계약에 부여되고, 스마트 계약은 의도한 기능을 달성하기 위해 유동성을 사용하는 것이다. 신용 위임의 근본적인 혜택은 Aave의 모든 대출이 누구의 담보인지에 관계없이 궁극적으로 담보로 지원된다는 것이다.

예를 들어, 공급자가 이자수익을 얻기 위해 Aave에 40,000 DAI의 잔고를 가지고 있다고 하자. 공급자는 신뢰할 수 있는 거래 상대방에게 그의 담보를 위임하여 기대수익을 높이려 한다. 공급자는 오프체인 관계를 통해 상대방을 알고 있을 가능성이 높으며, 아마도 은행 고객일 것이다. 예컨대, 거래 상대방은 공급자에게 자산의 상환과 함께 약정된 이자를 지급하기로 약속하고 100 ETH의 차입을 진행할 수 있다. 실질적인 영향은 지불을 강제할 수 있는 담보가 없기 때문에 외부관계가 안전하지 않다는 것이다. 해당 관계는 전적으로 신뢰를 바탕으로 두고 있을 뿐이다.

정리하면, Aave는 Compound와 다른 경쟁사들이 제공하는 대출상품을 넘어서는 몇 가지 혁신을 제공한다. 경쟁사들 사이에서 독특하지는 않을지라도 Aave의 플래시 론은 투자자들에게 추가적인 수익률을 제공함으로써 유동성을 제공하는 강력한 메커니즘이 된다. 이러한 효용은 이용에 플래시 유동성을 필요로 하는 플랫폼 차익거래자 및 기타 애플리케이션에도 매력적이다. 안정적인 차입금리가 주요 혁신이며, Aave는 현재 이 서비스를 제공하는 유일한 플랫폼이다. 이 기능은 변동 차입금리의 잠재적 변동성하에서 운영될 수 없는 대형 참여자들에게 중요할 수 있다.

마지막으로, 신용 위임은 사용자가 새로운 방식으로 공급된 담보의 가치를 개방할 수 있게 한다. 여기서 새로운 방식은 전통적

〈표 6.3〉 Aave가 해결하는 문제점

전통적 금융의 문제점	Aave 솔루션
중앙통제: 대출 및 예금 금리는 기관에 의해 조정	Aave 금리는 알고리즘에 의해 조정
제한된 액세스: 선택받은 조직만이 차익거래 또는 리파이낸싱을 위한 대량의 자금에 접근 가능	플래시 론은 즉각적으로 수익을 낼 수 있는 기회에 대해 유동성 지원을 가능하게 함
비효율성: 비용 부풀리기로 인한 대출 및 예금에 차선적 금리	알고리즘에 의해 풀(pool)되고 최적의 이자율
상호 운용성 부족: 대출 포지션에서 초과 담보물의 수익화 또는 활용 불가	유동성 차입이 필요하지 않을 경우 신용 위임을 통해 예치된 담보물 사용 가능
불투명성: 대출기관의 불투명한 담보화	전체 생태계가 볼 수 있는 대출자의 투명한 담보화 비율

인 시장과 계약을 통하는 것은 물론이고, 심지어 위험을 보상하기 위해 프리미엄 요금을 부과하는 추가적인 스마트 계약 계층을 포함한다. 신용 위임을 통해 대출 제공자는 주요 Aave 프로토콜이 지원하지 않는 토큰화된 예술품 또는 부동산과 같이 대체불가능한 이더리움 자산의 형태로 자신의 담보를 가져갈 수 있다. Aave가 혁신을 계속함에 따라, 플랫폼은 계속해서 더 많은 유동성을 축적하고 잠재적인 이용 사례의 더 넓은 기반을 확보할 것이다(〈표 6.3〉).

탈중앙거래소(Decentralized Exchange)

유니스왑(Uniswap)

이더리움상에서 자동시장조성자(AMM)의 주요한 예는 유니스왑[12] 이다. 우리는 유니스왑 v2에 초점을 맞추기로 한다. 최근 유니스왑의 세 번째 버전이 배포되었고 v3는 추후 다룰 예정이다. 유니스왑 v2는 일정 생산 법칙에 따라 거래가격을 결정하기 위해 $k=x \times y$ 공식을 사용하는데, 여기서 x는 자산 A의 잔액이고 y는 자산 B의 잔액이다. 곱셈의 값 k는 불변량이고 주어진 유동성 수준에서 고정되어야 한다. x를 일부 구입(인출)하려면 y를 일부 판매(예치) 해야 한다. 내재적인 가격은 x/y이고, 이는 위험중립적인 가격이다. 왜냐하면 k가 상수로서 변하는 않는 한 그 계약은 똑같이 해당 비율로 매매하려 할 것이기 때문이다.

구체적인 예를 들어보자([그림 6.6]). 단순화를 위해 모든 예에서 거래 수수료(가스비)는 고려하지 않는다. 유니스왑 USDC/DAI 시장의 투자자가 4 DAI(자산 A) 및 4 USDC(자산 B)를 보유하고 있다고 가정하자. 이때 환율은 1 DAI : 1 USDC로 설정되고 불변량은 16(=x×y)으로 설정된다. USDC를 얻기 위해 4 DAI를 판매하려는 투자자는 스마트 계약에 4 DAI를 예치하고 2 USDC를 인출한다. 그러면 USDC 잔액은 4－2＝2이고 DAI 잔액은 4＋4＝8이 된다. 불변량은 16으로 일정하게 유지된다. 이때 유효환율이 2 DAI : 1 USDC이라는 것에 주목하자. 환율 변동은 시중 유동성 수준이 낮은 데 기인한 슬리피지(slippage)가 발생하기 때문이다. 불변량의 크기가 슬리피지의 양을 결정한다. 이해를 돕기 위해 계약 내의 잔액이 100 DAI와 100 USDC라고 가정하자. 이번에는 불변량이

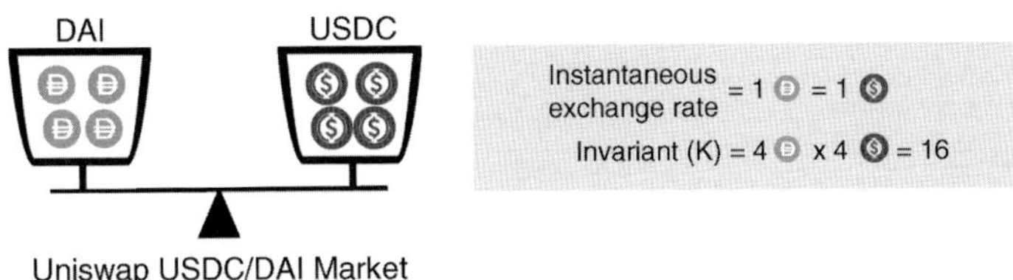

Scenario A

Exchange 4 DAI

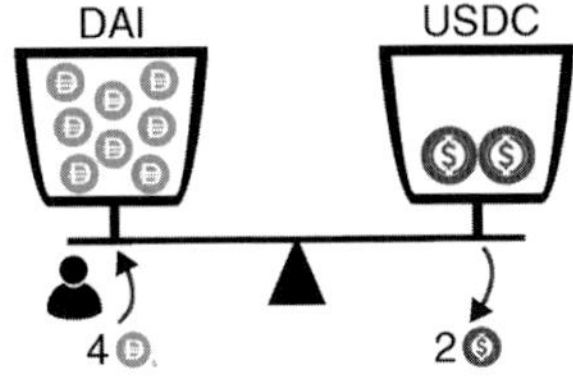

Scenario B

Exchange 4 DAI
but contract has more liquidity, 100 DAI, 100 USDC

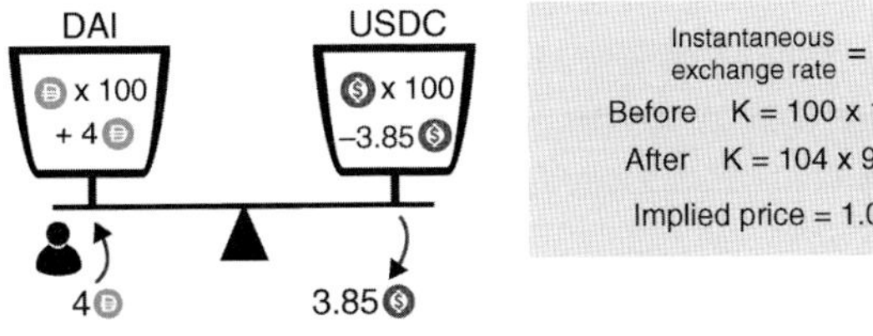

[그림 6.6] 유니스왑의 자동시장조성자 작동원리

10,000이지만 환율은 1 DAI : 1 USDC로 동일하다. 만약 투자자가 USDC를 위해 4 DAI를 매각한다면, 이제 3.85 USDC를 인출하여 불변량 상수를 일정하게 유지할 수 있으며, 1.04 DAI : 1 USDC의 유효환율로 훨씬 낮은 슬리피지가 나타난다.

유동성이 풍부하면 슬리피지를 최소화하는 데 도움이 된다. 따라서 유니스왑은 예금자들이 주어진 시장에 자본을 공급하도록 장려하는 것이 중요하다. 현재 환율에서 시장의 양쪽에 자산을 공급함으로써 누구나 유동성 공급자가 될 수 있다.[13] 시장의 양쪽에 모두 공급하면 거래 쌍의 자산 보유량의 곱의 값이 증가한다(즉, 시장조성자의 공식에서 언급된 바와 같이 불변량이 증가한다). 앞선 예에 따르면, 불변량이 높을수록 슬리피지가 작아지고 따라서 유효 유동성이 증가한다. 우리는 불변량을 유동성의 직접적인 척도로 생각할 수 있다. 요약하면, 유동성 제공은 가격에 영향을 미치지 않고 불변량을 증가시키는 반면, 시장에 대한 거래는 불변량에 영향을 미치지 않고 가격에 영향을 미친다.

유니스왑 시장의 각 거래는 관련 수수료 0.3%가 발생하며, 이 수수료는 풀(pool)로 귀속된다. 유동성 공급자는 유동성 풀에 대한 그들의 비례적 기여도에 기초하여 이러한 수수료를 얻는다. 그러므로 그들은 대형 시장을 선호한다. 이러한 수익 수수료 메커니즘은 Compound의 cToken 모델과 동일하다. 소유권 지분은 UNI 토큰이라고 불리는 유사한 토큰으로 표시된다. 예컨대 UNI DAI/ETH는 DAI/ETH 풀의 소유권을 나타내는 토큰이다.

유니스왑의 유동성 공급자들은 본질적으로 그들이 공급하고 있는 시장의 물량에 비례하여 수동적인 수입을 얻는다. 그러나 인출 시 기초자산의 환율은 거의 확실히 변화할 것이다. 유동성 공급자가 단순히 기초자산을 보유한 상태에서도 가격 변화로부터 이익을 얻을 수 있기 때문에 이러한 (환율) 움직임은 기회-비용 역학(비영구적 손실)을 발생시킨다. 거래량으로 벌어들인 수수료가 비영구적 손실을 초과해야 유동성 공급이 수익을 낼 수 있다. 결과적으로,

USDC/DAI와 같은 스테이블코인 거래 쌍의 경우, 이들 자산 간의 높은 상관관계가 비영구적 손실을 최소화하기 때문에 유동성 공급자들에게 매력적이다.

유니스왑의 k=x×y 가격 모형은 기초자산 사이의 상관관계가 알려지지 않은 경우 원만히 작동한다. 이 모형은 두 거래 쌍에 대해 주어진 유동성 수준에서 정확히 동일한 슬리피지를 산출한다. 그러나 실제로 우리는 ETH 거래 쌍보다 스테이블코인 거래 쌍에서 훨씬 더 낮은 슬리피지를 예상할 것이다. 왜냐하면 우리는 설계상 스테이블코인의 가격이 1달러에 가까워야 한다는 것을 알고 있기 때문이다. 유니스왑의 가격 모형은 예상한 것처럼 기본 슬리피지를 낮게 조정하지(본딩커브의 형태를 변경하지) 않기 때문에, 스테이블코인과 같이 높은 상관관계를 갖는 쌍에 대해 차익거래자가 돈을 벌 수 있는 여지를 남겨둔다. 이러한 이유로, 높은 상관관계의 거래 쌍에 특화된 Curve[14]와 같은 경쟁사 자동시장조성자는 이러한 유형의 유니스왑 시장에서 유동성을 잠식할 수 있다.

거래 쌍이 존재하지 않는 경우, 단순히 양쪽 모두에 자본을 공급함으로써 누구나 유니스왑에서 ERC-20/ERC-20 또는 ETH/ERC-20 거래 쌍을 시작할 수 있다.[15] 사용자는 초기 환율을 결정하며, 차익거래자는 가격이 시장가격에서 조금이라도 벗어날 경우, 그 가격을 실제 시장가격으로 유도해야 한다. 플랫폼의 사용자들은 직접적인 거래 쌍을 이용할 수 없는 경우, 최소의 슬리피지를 얻기 위한 가장 효율적인 스왑 경로를 결정하는 라우터 계약(router contract)을 사용하는 것으로 지원되는 모든 2개의 ERC-20 토큰을 효과적으로 거래할 수 있다.

자동시장조성자 모형의 단점은 특히 "프런트 러닝(front-running)"

에 취약하다는 것이다. 이는 중앙화 금융을 괴롭히는 불법 프런트 러닝과 혼동되어서는 안 된다. 블록체인의 특징 중 하나는 모든 거래가 공개된다는 점이다. 즉, 이더리움 사용자가 메모리 풀에 거래를 게시하면, 이는 모든 이더리움 노드에 공개적으로 표시된다. 프런트 러닝 거래자들은 공공 정보인 이 거래를 볼 수 있고, 사용자의 거래가 블록에 추가되기 전에 더 높은 가스비를 반대 쌍 거래에 배치할 수 있다. 그러면 그들은 거래 쌍의 반대 방향으로 즉시에 거래할 수 있다. 직접적인 이용자 부담으로 들어오는 프런트 러닝의 수익 추정치는 2017년[16] 프런트 러닝이 처음 공개됐을 때 수십만 달러에서 2021년 중반[17] 기준 수억 달러로 성장했다. 대규모 거래, 특히 슬리피지가 높고 유동성이 낮은 시장의 경우 특히 프런트 러닝 거래가 쉽다. 이러한 이유로 유니스왑은 사용자가 최대 슬리피지를 거래의 한 조항으로 설정할 수 있도록 한다. 허용 가능한 슬리피지 수준을 초과하면 거래는 실행되지 않는다.[18] 이것은 프런트 러닝으로 얻을 수 있는 이익에 한계를 주지만, 완전히 이 문제를 제거하지는 못한다.

차익거래의 이익이 플랫폼에 기득권이 없는 차익거래자에게만 돌아간다는 점도 단점으로 꼽힌다. 차익거래자들은 정상적인 시장 조성 시나리오에서 얻을 수 있는 잠재적 스프레드를 잃어서는 안 되는 유동성 공급자들을 희생시켜 이익을 얻는다. Mooniswap과 같은 경쟁 플랫폼[19]은 실제 가격에 천천히 접근하는 가상 가격을 공급하여 차익거래자들이 자본화할 수 있는 시간을 좁히고 스프레드도 낮춤으로써 이 문제를 해결할 것을 제안한다. 추가적인 스프레드는 유동성 공급자들을 위해 여전히 풀 속에 남게 된다.

유니스왑은 플래시 스왑(flash swap)이라고 하는 플래시 론과 유사한 흥미로운 기능을 제공한다. 플래시 스왑에서 계약은 사용자가 거래 쌍 반대편에 있는 자산으로 토큰을 지불하기 전에 토큰을 전송하는데 이는 차익거래자에게 많은 기회를 제공한다. 사용자는 이 즉각적인 유동성을 활용하여 이를 상환하기 전에 다른 거래소에서 다른 자산을 할인된 가격으로 취득할 수 있다. 이러한 플래시 스왑의 유연성은 동일한 자산으로 상환해야 하는 플래시 론의 규정과는 다르다. 플래시 스왑의 핵심적인 면은 모든 거래가 단일 이더리움 거래 중에 이뤄져야 하며 시장에서 보완자산의 해당 금액으로 거래를 종료해야 한다는 것이다.

각각 100,000개의 공급이 있는 DAI/USDC 시장을 생각해 보자([그림 6.7]). 이는 1 : 1의 환율과 100억의 불변량을 의미한다. 초기 자본이 없는 거래자는 DEX에서 DAI를 0.95 USDC에 매수할 수 있는 차익거래 기회를 포착한다. 거래자는 DAI/USDC 시장에서 플래시 스왑을 통해 이 차익거래를 활용할 수 있다. 플래시 스왑에서는 950 USDC의 플래시 유동성(플래시 론에서 파생된 유동성)을 인출하고, 차익거래를 통해 1,000 DAI를 매입한 후, 963 DAI를 상환함으로써 37 DAI의 이익을 얻는데 이 모든 과정은 초기 자본 없이 완료된다. 여기서 963의 수치는 100억의 불변량을 유지하기 위한 일부 슬리피지를 설명하는 960(반올림 값)과 유동성 공급자가 소유한 풀에 지불된 0.30%×960=3 DAI 거래 수수료를 더하여 계산한다.

유니스왑에 대한 중요한 점은 2020년 9월에 UNI라는 거버넌스 토큰을 출시한 것이다. Compound 거버넌스 토큰인 COMP와 마찬가지로 UNI는 ETH/USDC, ETH/DAI를 포함한 핵심 풀의 유동성을 장려하기 위해 사용자에게 배포된다. 심지어 공급의 43%가

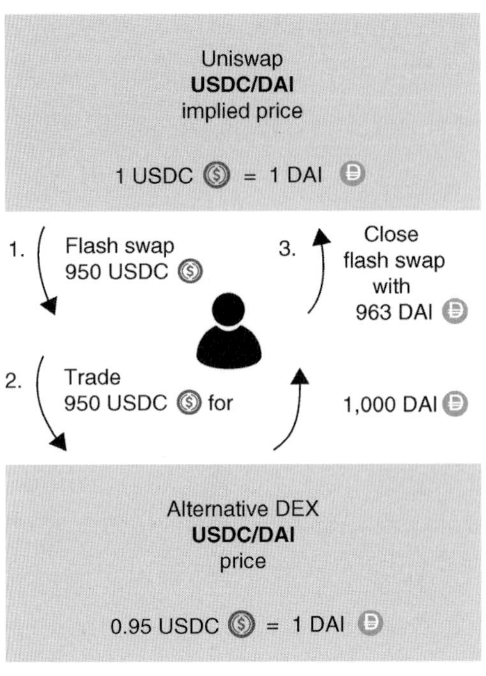

[그림 6.7] 유니스왑 내 플래시 스왑의 작동원리

UNI 거버넌스에 의해 통제되는 기금(treasury)에 4년 동안 귀속될 것이기 때문에 자체 토큰 분배에 대한 어느 정도 통제권을 가지고 있다. 중요한 것은 특정 마감일 이전에 유니스왑을 사용하던 각각의 고유한 (25만 개 이상의) 이더리움 주소에 무료 에어드롭으로 400개의 UNI 토큰이 주어졌다는 점이다. 에어드롭과 동시에 UNI는 유니스왑과 코인베이스 프로(Coinbase Pro) 거래소에서 거래가 시작되었다. 토큰 1개당 가격은 3달러 근처에서 시작되었고, 총 시가총액이 5억 달러 이상, 각 사용자에게 직접 분배된 유동적 가치는 1,200달러에 달한다. 이러한 공급의 홍수는 토큰가격을 폭락시키는 매도 압력으로 이어져야 했다. 대신에 토큰가격은 8달러 이상으로 치솟기도 했으며 4~5달러대에 안착했다. UNI를 통해 유니스왑은 사업을 구축하고 확장하기 위한 자본을 효과적으로 크라우드소싱했고, 이로 인해 짧은 시간 동안 유니콘으로 평가를 받았다. 이것은 커뮤니티가 토큰과 플랫폼에 두는 가치를 보여준다. 왜냐하면 공급의 대부분은 여전히 에어드롭을 받은 사람들에 의해 유지되기 때문이다.

스시스왑(Sushi Swap)이 유니스왑을 대부분 모방했다는 사실은 유니스왑이 훌륭한 아이디어라는 증거이다.[20] 게다가 2개 이상의 시장이 유동성 풀 내에서 지원될 수 있는 CFMM이 Balancer에 의해 일반화되었다.[21] 또한 자산에 임의로 비중을 부여하는 것도 가능하다(현재 유니스왑은 동일한 가치를 요구한다).[22] 또한 유동성 풀 생성자는 거래 수수료를 설정한다.

2021년 3월, 유니스왑 팀은 유니스왑 프로토콜의 일정표와 업그레이드 계획을 발표했다. 유니스왑 v3라는 이름의 유니스왑 팀은 프로토콜의 유동성 공급 모형에 대한 몇 가지 변경을 제안했는데, 앞서 설명한 일정 곱셈 값의 공식에서 벗어나 온체인 제한 주문장부와 유사한 모델로 전환되었다.[23] 이러한 변화는 유니스왑의 유연성을 높여 사용자와 유동성 공급자가 곡선을 사용자 정의하고 유동성 포지션을 보다 적극적으로 관리하고 수익률 프로파일을 조정할 수 있게 한다.[23]

유니스왑은 디파이 애플리케이션에 매우 중요한 인프라이므로 필요할 때마다 거래소가 작동할 수 있도록 하는 것이 중요하다. 유니스왑은 유동성 공급자가 됨으로써 사용자 자산에 수익을 창출하는 독특한 접근방식을 제공한다. 플랫폼의 플래시 스왑 기능은 차익거래자가 효율적인 시장을 유지하는 데 도움이 될 뿐 아니라, 등재된 어떠한 ERC-20 토큰에도 접근할 수 있고 IDO를 통해 완전히 새로운 토큰도 만들 수 있는, 사용자에게 새로운 이용 사례를 열어준다. 이더리움상에서 자동시장조성자 용량이 커지고 경쟁적인 모형을 갖춘 신규 플랫폼이 등장함에 따라 유니스왑은 앞으로도 중요한 인프라의 선두주자이자 모범이 될 것이다(〈표 6.4〉).

〈표 6.4〉 유니스왑이 해결하는 문제점

전통적 금융의 문제점	유니스왑 솔루션
중앙통제: 거래소는 거래 쌍의 지원 여부를 통제	기존 거래 쌍이 없을 경우, 누구나 신규 거래 쌍을 만들 수 있음. 직접적인 거래 쌍이 존재하지 않을 경우 가장 효율적인 경로를 통해 자동으로 거래를 연결함
제한된 액세스: 최선의 투자 기회와 유동성 공급에 따른 수익은 대형기관에게만 제한적으로 열려 있음	누구나 유동성 공급자가 되어 수수료를 벌 수 있음. 어떠한 프로젝트라도 유니스왑에 토큰을 등재할 수 있어 누구나 투자 가능
비효율성: 일반적으로 거래는 양측이 청산을 해야 함	자동시장조성자는 계약에 대한 거래를 위해 지속적인 접근을 허용함
상호 운용성 부족: 한 거래소에서 자산을 교환하는 기능은 다른 금융 애플리케이션 내에서 호환 불가	디파이 애플리케이션에 필요한 모든 토큰 스왑은 유니스왑을 내장된 기능으로 활용할 수 있음
불투명성: 거래소가 실제로 모든 사용자의 전체 잔고를 소유하고 있는지 파악 불가	플랫폼의 유동성 수준과 가격 알고리즘이 투명함

파생상품(Derivatives)

Yield 프로토콜(Protocol)

Yield 프로토콜[24]은 담보화된 무이표 채권에 대한 파생 모형을 제안한다. 본질적으로, 이 프로토콜은 yToken을 정의하는데, 이는 특정한 날짜에 대상자산의 일정 수량으로 결제되는 ERC-20(대체가능한) 토큰이다. 계약에는 유효기간, 대상자산, 담보자산, 담보비율이 동일한 토큰을 교환할 수 있다는 내용이 명시된다. 토큰은 담보자산에 의해 보호되며, 예를 들어 우리가 앞서 논의했던 MakerDAO 및 다른 디파이 플랫폼과 유사한 유지 담보화 비율을 요구한다. 담보가치가 유지 요건 이하로 떨어지면 포지션을 청산하고 매각한 담보의 일부 또는 전부를 이용하여 부채를 충당한다.

yToken 결제 메커니즘은 아직 미정이지만, 제안된 방안 중 하나는 "현금" 결제인데, 이는 대상자산의 지정된 금액만큼 담보자산으로 동등한 금액을 지불하는 것을 의미한다. 예를 들어, 대상자산이 300 DAI에 의해 담보된 1 ETH이고 만기에 1 ETH = 200 DAI인 경우, 현금 결제는 200 DAI를 지급하고 100 DAI 초과 담보물을 yToken의 판매자에게 반환할 것이다. 일반적으로 제안된 또 다른 해결책은 "물리적" 결제이며, 이는 만기 시(아마도 유니스왑에서) 대상자산에 대한 담보물을 자동으로 판매하여 대상자산에 지불한다. 앞의 예시와 같은 숫자를 사용하면, yToken의 소유자는 1 ETH를 받게 되고, 판매자는 교환 수수료를 뺀 나머지 담보 중 약 95 DAI를 받게 된다. yToken은 목표금액 대비 할인된 토큰가격에 대한 내재수익률을 이용하여 고정금리 차입과 대출을 효과적으로 허용한다.

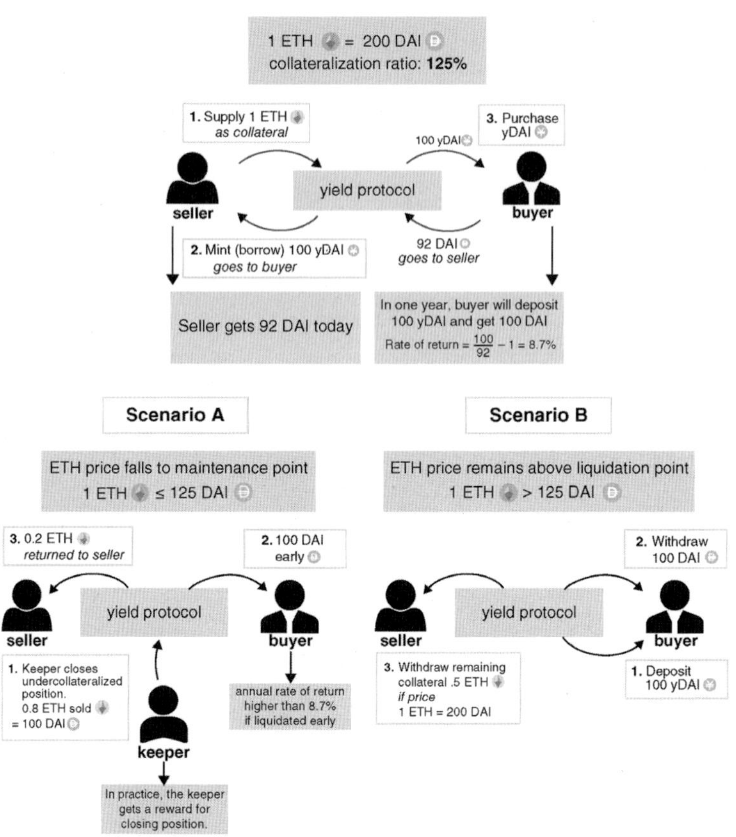

[그림 6.8] Yield 프로토콜의 고정금리 대출의 작동원리

Yield 프로토콜은 다음의 예시로 설명할 수 있다. 사용자가 ETH에 의해 뒷받침되는 1 DAI를 대상자산으로 하는 yToken을 가지고 있다고 가정하자. 만기일이 1년 남았고 yToken은 0.92 DAI에 거래되고 있다. yToken을 매입하면 심지어 청산되는 경우에도 사실상 8.7%의 고정금리가 보장된다. [그림 6.8]에 나타난 바와 같이 정상적인 청산이 이루어지는 경우, 담보물을 매각하여 포지션

을 커버할 수 있다.

(현금 및 물리적 결제 외에) 유력한 세 번째 대안은 "합성" 결제이다. 여기서 기초자산은 직접 상환되지 않고 대신 Compound와 같은 대여 플랫폼에서 자산 풀의 동등한 금액으로 롤링된다. 합성 정산은 yDAI가 cDAI에 정착하여 고정환율을 변동환율로 변환하는 것을 의미한다. 매수자는 그 포지션을 닫고 편한 때에 DAI를 위해 cDAI를 상환할 수 있다. Yield 프로토콜은 UX가 단순히 대상자산을 중심으로 돌아가도록 사용자를 위해 이러한 모든 변환을 처리한다.

Yield 프로토콜 백서[24]에서 저자들은 투자자의 관점에서 흥미로운 애플리케이션에 대해 논의한다. 투자자는 yToken을 구매해 대상자산을 합성하여 대여할 수 있다. 투자자는 현재 yToken을 구입하기 위해 X 금액의 자산을 지불한다. 결제 시 투자자는 X와 이자를 받는다. 이러한 금융거래는 결국 기능적으로 대상자산의 대여라 할 수 있다. 이자는 가격에 내재되며 직접적으로 지정된 가치는 아니라는 점에 유의하자. 또는 yToken을 발행, 판매하여 대상자산을 합성적으로 차입할 수 있는데, 현재 X 금액의 자산(액면가)을 받고 향후 X와 이자를 지불하겠다고 약속하는 것을 의미한다. 이 금융거래는 기능적으로 대상자산의 차입이다.

추가적인 애플리케이션으로는 서로 다른 만기의 포트폴리오를 유지하고 단기수익을 장기 yToken 계약으로 롤링하는 영구적인 상품이 있다. 예를 들어 포트폴리오에는 3개월, 6개월, 9개월, 1년 만기 yToken이 포함될 수 있으며, 3개월 만기 토큰이 만기가 되면 스마트 계약은 잔액을 1년 만기 yToken에 재투자할 수 있다. 이 펀드의 토큰 보유자들은 본질적으로 기초자산에 3개월마다 금리를 갱신하는 변동금리 수익률을 경험하게 될 것이다. 또한 yToken은 단기 및 장기 계약의 내재된 수익률을 분석하여 수익률 곡선을 구성할 수 있다. 이를 통해 관찰자들은 다양한 지원 대상자산에 대한 투자 심리를 계량화할 수 있다.

Yield 프로토콜은 심지어 이자율에 대한 투기에 직접적으로 사용될 수 있다. Compound cDAI, Aave aDAI, Chai[25] 등의 DAI 파생상품 자산은 변동금리를 대표한다. 이러한 DAI 파생상품 자산 중 하나를 담보로 사용하여 yDAI를 판매하는 경우를 생각해 보자. 이번 거래의 효과는 판매자가 담보에 대해 변동금리를 받으면서 yDAI에 고정금리를 지급하고 있다는 것이다. 이것은 금리가 인상

〈표 6.5〉 Yield 프로토콜이 해결하는 문제점

전통적 금융의 문제점	Yield 솔루션
중앙통제: 고정수익 상품은 대부분 정부 또는 대기업으로 제한	Yield 프로토콜은 모든 규모의 조직에 개방
제한된 액세스: 다수의 투자자는 복잡한 고정수익 투자를 매수 및 매도하는데 접근이 제한됨	Yield에서는 모든 시장 참여자가 선택한 대상자산 내에서 정산되는 고정수익 자산을 매수 및 매도
비효율성: 전통적 금융의 두터운 계층구조로 인해 고정수익률이 낮음	이더리움에서 실행되는 얇은 인프라는 중간자를 제거하여 보다 경쟁적인 금리와 다양한 유동성 풀을 가능하게 함
상호 운용성 부족: 고정수익 상품은 일반적으로 현금으로 정산하고 투자자가 배분을 결정해야 함	yToken은 모든 이더리움 대상자산으로 정산 가능하고 심지어 수익률을 보존하기 위해 변동금리 대출 프로토콜로 합성하여 정산할 수도 있음
불투명성: 전통적인 계약에서의 신용위험과 불확실성 존재	이더리움 블록체인상에서 공개된 명확한 담보화가 투자를 뒷받침

될 것에 대한 베팅이다. 마찬가지로, (어떤 종류의 담보라도) yDAI 매입은 변동환율이 고정환율 이상으로 증가하지 않을 것에 대한 베팅이다.

Yield 프로토콜은 이더리움에 고정금리 상품을 공급하는 중요한 프로토콜이다. MakerDAO 및 Compound와 같은 다른 프로토콜과 긴밀하게 통합되어 투자자를 위한 강건한 이자 부담 애플리케이션을 만들 수 있다. 주류 투자자들이 이러한 유형의 자산을 필요로 하는 포트폴리오를 갖춘 디파이를 채택하기 시작하면서 고정수익을 구성하는 요소에 대한 수요는 증가할 것이다(〈표 6.5〉).

dYdX

dYdX[26]는 파생상품과 마진거래를 전문으로 하는 기업으로 현재 ETH, BTC 외에도 다양한 암호화폐를 지원하고 있다. dYdX는 투자자들이 주문 장부에 있는 현재의 매수-매도 호가에 해당 자산을 교환할 수 있도록 하는 현물 DEX를 보유하고 있다. DEX는 하이브리드 온오프 체인 방식을 사용한다. 기본적으로 dYdX는 서명된(signed) 또는 사전에 승인된 주문을 이더리움에 제출하지 않고 저장한다. dYdX는 암호화 기술을 사용하여 이들 주문이 자금을 원하는 가격에 원하는 자산으로 교환하는 데만 사용된다는 것을 보증한다. 가격 이동 또는 프런트 러닝과 관련된 슬리피지를 완화하기 위한 노력으로 DEX는 제한 주문과 시장 주문에 대한 최대 슬리피지 파라미터를 지원한다.

dYdX는 시장조성자와 거래자에게 DEX와 상호작용하는 데 필요한 오픈 소스 소프트웨어와 사용자 인터페이스를 제공한다. dYdX가 주문 매칭을 수행하도록 하면 인프라에 다운타임이 있거나 어떤 이유로 거래를 게시하지 않아도 되기 때문에 일종의 신뢰 요소가 발생한다. dYdX가 주문을 매칭하게 되면 서명된 주문은 스마트 계약에 따라 오로지 의도된 대로만 사용될 수 있기 때문에 회사가 사용자 자금을 훔칠 위험이 거의 또는 전혀 없다. 주문이 매칭되면 이더리움 블록체인에 제출되는데, 여기서 스마트 계약이 정산을 용이하게 한다.

또한, 투자자는 마진 담보물을 활용하여 레버리지 매수 또는 공매도 포지션을 10배까지 취할 수 있다. 예치된 단일한 담보를 사용하거나 투자자의 잔액을 모두 합쳐 교차마진으로 담보를 사용하는 것처럼 포지션을 분리할 수도 있다. 다른 프로토콜과 마찬가지로 dYdX는 유지되지 않을 경우 담보물 청산을 통해 포지션을 종결하는 유지마진 요건을 가지고 있다. 청산은 외부 키퍼에 의해 MakerDAO의 프로세스와 유사한 방식으로 수행되며 키퍼는 손실 상태의 포지션을 찾고 청산하는 것으로 보수를 받는다.

dYdX는 Compound, Aave와 유사한 대출과 예금을 제공하며 플래시 론도 있다. dYdX는 Aave와 달리 플래시 론이 무료이므로 DAI, ETH 및 USDC 플래시 유동성 측면에서 인기가 높다. 개방형 스마트 계약 세계에서, 플래시 론은 거의 위험이 없다는 점을 감안하면 금리가 0으로 수렴할 것이라는 것은 상식적이다. 대출금리는 대출기간과 상대적 부도 위험에 따라 결정된다. 플래시 론의 경우, 상환은 매우 짧은 시간 내에 알고리즘에 의해 강제된다. 단일 거래에서는 오로지 사용자만 함수 호출이나 거래를 할 수 있다. 다른 이더리움 사용자는 특정 사용자의 거래가 실행되는 동안 자금을 이체하거나 어떤 변경도 할 수 없기에 자본의 기회비용이 발생하지 않는다. 따라서 예상한 바와 같이, 무료 플래시 론을 제공하는 시장 참여자의 플랫폼에 더 많은 사용이 있을 것이다. 플래시 론은 선행자본이 필요하지 않기 때문에 다양한 사용 사례에 대한 자금 접근을 가능하게 한다. Aave 사례에서, 우리는 어떻게 플래시 론이 대출을 리파이낸싱하는 데 사용될 수 있는지 설명했다. 이번에는 차익거래 기회를 활용하기 위해 플래시 론을 사용하는 방법을 알아보겠다.

유니스왑에서 ETH에 대한 1,000 DAI의 유효환율이 6 ETH/1,000 DAI라고 가정하자(순간 환율은 슬리피지로 인해 다를 수 있다). 또한 dYdX DEX는 1,000 DAI에 대해 5 ETH의 현물 매도가격을 갖는다고 가정한다(즉, ETH는 유니스왑보다 dYdX에서 훨씬 더 비싸

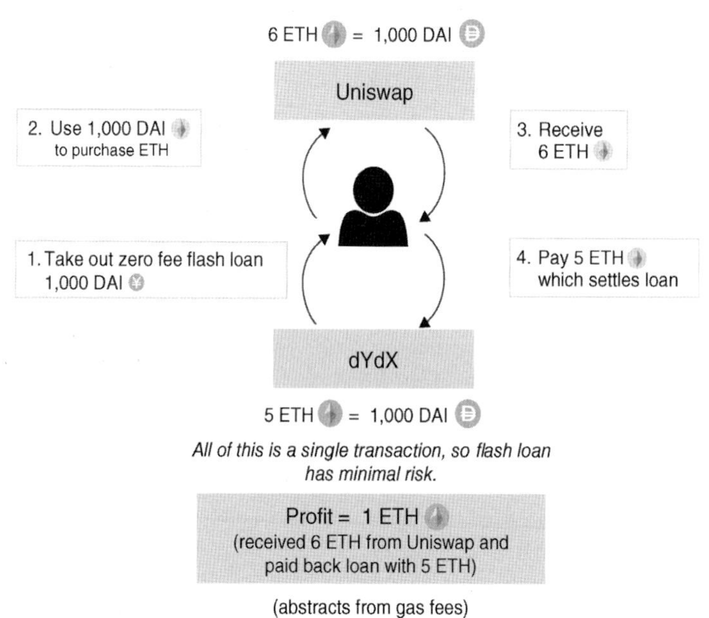

[그림 6.9] dYdX의 차익거래의 작동원리

다). 가스비 이상의 자본금 없이 이 차익거래 기회를 활용하기 위해, 투자자는 플래시 론을 실행하여 1,000 DAI를 빌리고, 이를 유니스왑에서 6 ETH로 교환한 다음, 그중 5 ETH를 사용하여 dYdX에서 1,000 DAI로 교환할 수 있다. 마지막으로, 투자자는 1,000 DAI로 플래시 론을 상환하고 1 ETH 이익을 주머니에 챙길 수 있다. 이 모든 것은 단일 거래 내에서 발생하며, 복수의 계약 실행은 이더리움 블록체인의 단일 거래 내에서 발생한다([그림 6.9]).

dYdX가 제공하는 주요 파생상품은 ETH와 BTC 영구 선물이다. 이 책을 집필하는 시점에서 dYdX는 11개의 암호화폐 선물을 제공하고 있다. 영구 선물계약은 전통적인 선물계약과 비슷하지만 (역자 삽입: 결제일과) 만기일이 없다. 영구 선물계약을 체결함으로써, 투자자는 단순히 자산의 미래 가격에 베팅하는 것이다. 계약은 매수와 매도, 레버리지를 사용하는 것과 사용하지 않는 것 모두 가능하다. 영구 선물계약은 주요 거래소의 기초자산 평균가격에 기초한 지수가격을 사용한다.[27] 투자자는 마진 담보를 예치하고 레버리지의 방향과 양을 선택한다. 이 계약은 투자자 수요에 따라 지수가격(BTC)에 할증 또는 할인된 가격으로 거래될 수 있다.

한쪽에서 다른 쪽으로 지급되는 조달금리는 선물가격을 지수에 가깝게 유지한다. 만약 선물계약이 지수에 할증된 가격으로 거래되고 있다면, 조달금리는 양수일 것이고, 매수자는 매도자에게 자금을 지급하게 될 것이다. 조달금리의 크기는 지수와 비교한 가격 차이의 함수이다. 마찬가지로, 만약 계약이 할인된 가격으로 거래되고 있다면, 매도자들은 매수자에게 자금을 지불하게 된다. 조달금리는 투자자들이 계약의 가격을 지수에 가깝게 유지하기 위해 다수로부터 반대편을 택하도록 인센티브를 부여한다.[28] 필요한 마진이 유지되는 한, 투자자는 항상 포지션의 가격에서 마진에 보유된 음의 잔액을 차감한 차액으로 포지션을 종결할 수 있다.

전통적인 선물계약처럼, 영구 선물계약은 초기마진(initial margin)과 유지마진(maintenance margin)의 두 가지 마진을 가지고 있다. 초기마진이 10%라고 가정하자. 이는 투자자가 기초자산의 10%에 해당하는 담보(또는 지분)를 공시해야 함을 의미한다. 선물매수계약은 투자자가 미래에 정해진 가격으로 자산을 매입할 수 있게 해준다. 시세가 오르면 투자자는 시세보다 싼 가격에 자산을 매입할 수 있고 수익은 시세와 약정가의 차액이 된다. 선물매도계약은 투자자가 정해진 가격으로 자산을 매도하는 데 동의한다는 점을 제외하면 비슷하게 작용한다. 시세가 하락하면 투자자는 시장에서 자산을 매입해 계약서에 명시된 더 높은 가격에 팔 수 있다. 이때 수익은 계약가격과 시장가격의 차이이다.

여기서 위험은 가격이 투자자에게 불리하게 움직이는 것이다. 예를 들어 투자자가 10%의 마진으로 매수한 후 시세가 10% 하락할 경우, 약정가격으로 매입하는 것과 시장에서 (손실을 감수하고) 매도하는 것의 차이가 담보의 가치를 지워버리기 때문에 담보가 사라지게 된다. 중요한 것은, 선물은 옵션과는 다르다는 것이다. 옵션계약에서 기초자산의 가격이 원치 않는 방향으로 움직인다면 옵션 보유자는 아무것도 하지 않으면 된다. 옵션의 행사는 재량권이고 그렇기 때문에 옵션이라고 불리는 것이며, 어느 누구도 손실이 확실한 옵션을 행사하지는 않을 것이다. 그러나 선물은 의무이다. 이처럼, 전통적인 거래소는 계약 보유자가 손실 포지션에 대해 부도가 발생할 가능성을 최소화하고자 하는 메커니즘을 가지고 있다.

유지마진은 부도를 최소화하는 주요 도구이다. 유지마진이 5%

라고 가정하자. 전통적인 선물거래소에서는, 만약 가격이 5% 하락하면, 투자자는 담보물을 다시 10%까지 보충해야 한다. 투자자가 이를 이행하지 못하면 거래소는 포지션을 청산한다. 비슷하지만 중요한 차이점을 갖는 메커니즘이 dYdX에도 존재한다. 첫째, 어떤 포지션이 5% 떨어지면, 키퍼는 청산을 실행할 것이다. 담보가 남는다면 키퍼는 보상금으로 챙길 수 있다. 둘째, 청산은 거의 순식간에 일어난다. 셋째, 중앙집중식 교환이 존재하지 않는다. 넷째, dYdX 계약은 영구적인 반면, 전통적인 교환계약은 일반적으로 만기일이 정해져 있다.[29]

다음의 예를 살펴보자. BTC 가격 지수가 10,000 USDC/BTC라고 가정하자. 투자자는 1,000 USDC를 마진(담보)으로 예치하고 BTC 가격에 대한 레버리지 매수 포지션을 만든다. 만약 가격이 5% 오르면 이익은 500이 된다. 투자자가 1,000 USDC를 예치했기 때문에 투자자의 수익률은 50% 또는 (1,000－500)/1,000이다.

이러한 원리를 다른 방법으로 생각해 보기로 한다. 10,000에서의 매수 포지션이라는 것은 투자자가 10,000에서의 매수 약속을 하고 있으며 의무 또한 10,000에서 발생한다. 투자자는 계약서에 따라 10,000을 지급해야 하기 때문에 그 의무를 마이너스 잔고라고 볼 수 있다. 그 투자자는 이미 1,000을 담보로 예치했기 때문에 9,000을 빚지고 있다. 한편, 투자자는 1 BTC의 자산을 매입하기 위해 그러한 계약을 맺었다. 따라서 투자자는 현재 가격인 10,000의 플러스 잔고를 가지고 있다. 담보화 비율은 10,000/9,000＝111%이며, 이는 11%의 마진비율로 허용되는 최대 레버리지(10% 마진)에 가깝다.

이러한 직관은 매도 포지션에서도 유사하게 작동한다. 투자자는

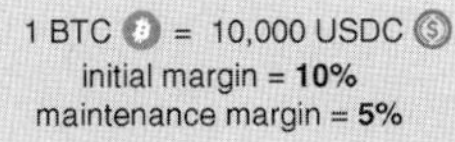

1 BTC = 10,000 USDC
initial margin = **10%**
maintenance margin = **5%**

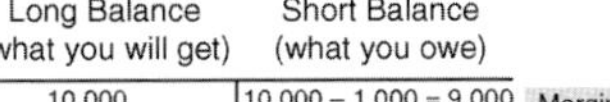

Scenario A
BTC ↑ by 10% to 11,000
Long Balance
Short Balance

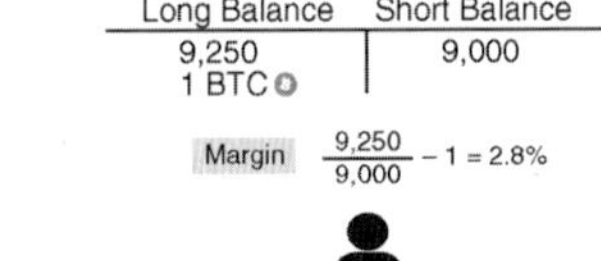

Open long position of
1 BTC at 10,000 USDC
Offer 1,000 USDC as margin
Trader
Long Position

Long Balance
(what you will get)
Short Balance
(what you owe)

Scenario B
BTC ↓ by –7.5% to 9,250
Long Balance
Short Balance
9,250

9,000
Margin 9,250/9,000 – 1 = 2.8%
• Position is below 5% maintenance margin requirement
• Keeper liquidates position by selling 1 BTC and paying back 9,000
• Keeper keeps $250 USDC as reward

[그림 6.10] dYdX의 영구 선물

10,000에 매각하기로 약속했는데, 이것은 플러스 잔고이며 1,000 마진 보증금으로 보충된다(따라서 총 11,000). 투자자의 마이너스 잔고는 현재 10,000 USDC의 가치를 갖는 1 BTC의 매수 의무에서 비롯된다. 담보비율은 11,000/10,000으로 10%의 마진에 해당한다.

이제 기초자산(BTC)의 가치가 5% 증가할 때 매도 포지션의 메커니즘을 살펴보자. BTC 가격이 5% 상승하여 10,500으로 오르면 마진율은 (11,000/10,500)－1＝4.76%가 되고 매도 포지션은 청산 대상이 된다. 포지션의 순잔액은 500달러가 되는데, 이는 청산인이 포지션을 닫고 잔액을 회수하게 만드는 인센티브이다. [그림 6.10]은 매도 포지션의 작동원리를 설명한다.

10,000 – 1,000 = 9,000

Margin 10,000/9,000 – 1 = 11%

9,000
Margin 11,000/9,000 – 1 = 22.2%
• Trader can withdraw USDC to bring margin towards 10%
• Trader can close position with $1,000 USDC profit, which is a rate of return of 100%

dYdX의 BTC 영구 선물계약은 투자자들이 이더리움 블록체인 상에서 어떠한 ERC-20 자산이라도 담보로 공급함으로써 BTC 수

〈표 6.6〉 dYdX가 해결하는 문제점

전통적 금융의 문제점	dYdX 솔루션
중앙통제: 대출 및 예금 금리는 기관에 의해 조정	dYdX 금리는 명확하게 제시된 투명한 공식(때때로 자산 풀 활용률)을 기반으로 알고리즘에 의해 결정됨
제한된 액세스: 고수익의 USD 투자 기회나 경쟁력 있는 차입은 물론 선물 및 파생상품에 대한 접근이 어려움. 즉각적으로 수익을 내는 기업에 대한 자본 접근도 제한적임	경쟁력 있는 알고리즘으로 결정된 금리로 지원되는 자산의 대출 또는 차용이 개방되어 있음. 어떠한 자산이라도 통합적으로 지원할 수 있는 영구 선물 계약을 포함함. 무료 플래시 론은 개발자가 대규모 자본에 접근하여 차익 거래 또는 기타 수익 기회를 활용할 수 있게 함
비효율성: 비용 부풀리기로 인한 대출 및 차용에 차선적 금리	알고리즘적으로 풀링되고 최적화된 이자율을 제공. 즉각적으로 사용할 수 있는 무료 플래시 론 제공
상호 운용성 부족: 금융상품 내에서 자금 전용이 어려움	플래시 론은 투자자에게 위험이나 손실 없이 외부 기회에 AUM 전체를 즉시 활용할 수 있음
불투명성: 대출기관의 불명확한 담보화	전체 생태계가 볼 수 있는 대출자의 투명한 담보화 비율

익을 얻을 수 있도록 허용한다. 영구 선물계약의 인기는 증대되고 있으며, 이러한 기능은 시간이 지남에 따라 유동성을 계속 끌어모을 수 있다.

Synthetix

다수의 전통적인 파생상품들은 분산된 대응상품을 가지고 있다. 그러나 디파이는 스마트 계약을 활용하여 새로운 유형의 파생상품을 허용한다. Synthetix[30]는 그러한 새로운 형태의 파생상품을 개발하고 있다.

소유하지도, 예치하지도 않은 기초자산에 가치가 기반하는 파생 암호화자산을 만든다고 상상해 보자. Synthetix는 다양한 종류의 유동적인 합성 파생상품을 만드는 데 주안점을 두고 있는 그룹 중 하나이다. Synthetix의 모형은, 높은 수준에서, 간단하면서도 참신하다. 이 회사는 가격이 기초자산 가격 피드에 고정되어 있고 담보로 뒷받침되는 토큰인 Synths를 발행한다. MakerDAO의 DAI 역시 합성자산이다. 가격 피드는 체인링크[31]의 분산형 오라클에서 제공한다.[32] Synths는 이론적으로 모든 자산, 매수와 매도, 심지어 레버리지 포지션도 추적할 수 있다. 실제로 레버리지는 없고, 주로 추적하는 자산은 암호화폐, 법정화폐, 금 등이다.

매수용 Synths는 sToken이라고 하며 sUSD 또는 sBTC와 같이 사용된다. sUSD는 그 가치가 가격 피드에 기반하기 때문에 합성이다. 공매도용 Synths는 iToken이라고 하며 iETH 또는 iMKR와 같이 사용된다. Synthetix는 SNX라고 하는 플랫폼 토큰도 갖고 있다. SNX는 MKR나 COMP와 같은 거버넌스 토큰이 아닌 유틸리티 토큰 또는 네트워크 토큰이다. 이는 Synthetix 기능을 유일한 기능으로 사용할 수 있게 한다는 것을 의미한다. SNX는 전체 시스템의 고유한 담보자산으로서 역할을 담당한다. 사용자가 SNX에 대해 Synths를 발행할 때, USD로 표시된 부채 총액에 비례하여 부채를 발생시킨다. SNX 담보를 풀기 위해서는 부채의 총 USD 가치를 상환해야 한다는 점에서 사용자들은 이러한 부채의 비율에 대한 책임을 지게 된다. 따라서 모든 Synths의 글로벌 부채는 Synths 보유자들이 그들의 포지션을 공개했을 때 보유했던 부채의 USD

표시 비율을 기준으로 집단적으로 공유된다. 총 미상환 부채는 Synths 가격이 출렁일 때 변동하며, 각 보유자는 Synths 발행 당시 책임졌던 것과 동일한 비율에 대해 책임을 진다. 따라서 SNX 보유자의 Synths가 집합적 풀을 능가할 때 보유자는 효율적으로 이익을 얻으며, 그 반대의 경우도 마찬가지이다. 이는 보유자의 자산 가치(Synths 포지션)가 채무의 증가(모든 USD 부채의 합계)를 앞서기 때문이다.

예를 들어, 3명의 트레이더는 각각 $20,000, 총 부채 $60,000을 가지고 있다. 이들 중 한 명은 2 sBTC를 개당 $10,000의 가격에 보유하고 있고, 다른 한 명은 100 sETH를 개당 $200의 가격에 보유하고 있으며, 마지막 한 명은 20,000 sUSD를 개당 $1의 가격에

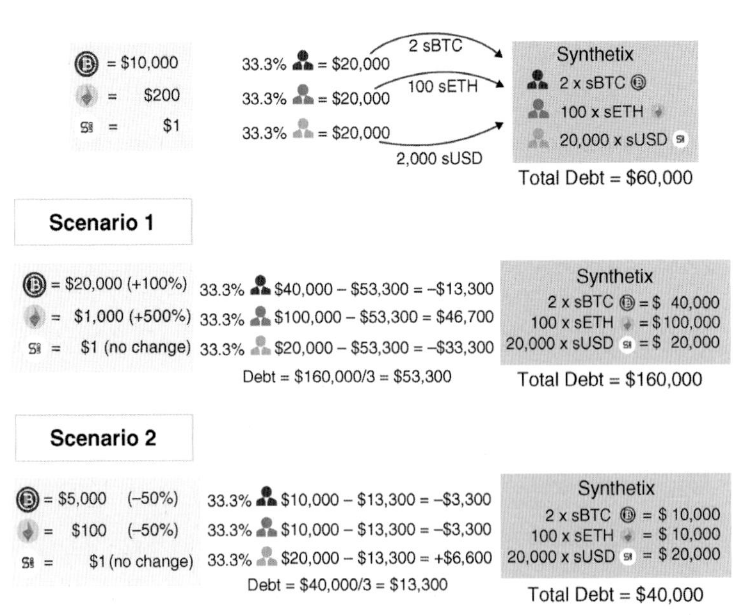

[그림 6.11] Synthetix의 메커니즘

보유하고 있다. 이들 모두의 부채비율은 33.3%이다. BTC 가격이 $20,000로 두 배가 되고, ETH 가격이 $1,000로 치솟으면 총 부채는 $160,000＝$40,000(sBTC)＋$100,000(sETH)＋$20,000(sUSD)가 된다.[33] 거래자마다 33.3%, 약 $53,300에 대한 책임을 지기 때문에 BTC 가격이 두 배로 올랐음에도 ETH 보유자만 수익을 내고 있다. BTC의 가격이 $5,000, ETH가 $100로 하락하면 총 부채가 $40,000로 떨어지고 sUSD 보유자가 유일한 수익 거래자가 된다. [그림 6.11]은 이 예제를 자세히 설명하고 있다.

이 플랫폼에는 오라클에서 인용한 비율로 2개의 Synths를 교환하는 자체 DEX가 있다. 거래자들은 교환 수수료를 SNX 보유자들이 그들의 부채비율에 상환할 수 있는 수수료 풀에 지불한다. 계약은 SNX 보유자가 부채에서 자신의 비중에 대해 상대적으로 충분한 담보비율을 유지할 경우에만 수수료를 상환할 수 있도록 강제한다. Synths를 발행하고 스테이킹 보상에 참여하기 위해 요구되는 담보비율은 높은 편으로 현재 750%이다. 또한 Synthetix 프로토콜은 인플레이션을 통해 새로운 SNX 토큰을 발행하여 생태계의 다양한 이해관계자들의 가치 기여에 대해 보상한다. 이 프로토콜은 높은 담보화 비율을 유지하거나 SNX의 유동성을 증가시키는 것에 대한 보너스 인센티브로 보상을 분배한다.

이 책을 집필하는 시점에서 36개의 거래 가능한 암호 Synths와 7개의 외화 Synths가 있다. Synthetix는 사용자가 특정한 주식이나 금, 원유 등도 거래할 수 있게 허용한다. 또한 이 프로토콜은 바이너리 옵션거래 인터페이스도 제공하기 시작했고 그 가능성을 확장하고 있다. 이 플랫폼은 가격 피드에 대한 슬리피지가 없기 때문에 쉽게 인기를 얻을 수 있을 것이다. 다만 풀링된 유동성 및 공유

〈표 6.7〉 Synthetix가 해결하는 문제점

전통적 금융의 문제점	Synthetix 솔루션
중앙통제: 자산은 일반적으로 등록된 거래소에서만 매매 가능	모든 실제 자산을 추적할 수 있는 합성 자산을 하나의 장소에서 제공
제한된 액세스: 특정 자산에 대한 접근은 지리적인 제한이 있음	누구나 Synthetix에 접속하여 Synths를 매매할 수 있음. 일부 제한사항은 증권인 Synths에 적용될 수 있음
비효율성: 대규모 자산 매입은 거래자들이 유동성 풀을 잠식하면서 슬리피지가 발생함	Synths 환율은 가격 피드에 의해 뒷받침되어 슬리피지를 제거함
상호 운용성 부족: 주식과 같은 실제 자산은 블록체인상에서 직접 대체하기 쉽지 않음	실제 자산을 Synths로 대체하는 것은 이더리움 및 다른 디파이 프로토콜과 완전히 호환됨
불투명성: 전통적 파생상품 시장의 투명성 부족	모든 프로토콜 기반 프로젝트 및 기능은 DAO에 의해 투명하게 자금 지원을 받고 투표에 의해 결정됨

부채 모형은 흥미로운 도전 과제를 제공한다(〈표 6.7〉).

토큰화(Tokenization)

토큰화는 일부 자산 또는 자산 묶음을 온체인 또는 오프체인으로 가져가는 프로세스를 말하는 것으로,

1. 가능한 부분적으로 소유권을 가진 자산을 온체인에서 대표하거나,
2. 일부의 기초 토큰을 보유하는 복합 토큰을 만든다.

토큰은 사용자가 원하는 토큰의 특성의 유형에 따라 다른 사양을 준수할 수 있다. 앞에서 언급한 바와 같이, 가장 인기 있는 토큰 표준은 대체 가능한 토큰 표준인 ERC-20이다. 이 인터페이스는 고유하지 않고 (USD와 같이) 교환 가능한 단위를 갖는 토큰이 어떻게 동작해야 하는지를 추상적으로 정의한다. 이에 대한 대안으로는 대체불가토큰(non-fungible token, NFT)을 정의하는 ERC-721 표준이 있다. 고급 미술품이나 게임의 특정 디지털 자산의 소유권 등을 나타내는 토큰처럼 이 토큰들은 독특하다. 디파이 애플리케이션은 이러한 표준과 다른 표준을 활용하여 단일 표준에 대한 코딩만으로 표준을 사용하는 모든 토큰을 지원할 수 있다.

Set 프로토콜(Protocol)

Set 프로토콜[34]은 토큰화에 대한 "복합 토큰" 방식을 제공한다. Set 프로토콜은 이더리움에서 개발되지 않은 자산을 토큰화하는 대신 이더리움 토큰을 전통적인 ETF(Exchange Traded Fund)와 같은 기능을 하는 복합 토큰으로 결합한다. Set 프로토콜은 암호 자산을 세트(Set)로 결합하는데, 세트 자체는 ERC-20 토큰이며, 스마트 계약에서 예치된 구성요소에 의해 완전히 담보화된다. Set 토큰은 구성요소에 대해 언제나 상환할 수 있다. 거래 전략에 따라 Set는 정적일 수도 동적일 수 있다. 정적 Set는 이해하기 쉽고 투자자가 관심을 갖는 토큰을 묶기도 한다. 이렇게 만든 Set는 단일 단위로 거래할 수 있다.

동적 Set는 재할당이 가능한 시기와 횟수를 결정하는 거래 전략을 정의한다. 일례로 "이동 평균" Set는 100% ETH와 100% USDC 사이에서 ETH가 X일간의 단순 또는 지수 가중 이동 평균을 초과할 때마다 이동한다. 일반적인 ETF와 유사하게, 이러한 Set 토큰은 수수료를 갖고 있으며 때로는 성과 관련 인센티브도 갖고 있다. Set를 만들 때 관리자는 특정한 Set에 대해 관리자에게 직접 지급되는 수수료를 사전적으로 프로그래밍한다. 이용 가능한 수수료 옵션은 구매 수수료(프런트엔드 수수료), 스트리밍 수수료(관리 수수료), 성과 수수료(고점 대비 수익비율)이다. Set 프로토콜은 현재 자체적으로는 아무런 수수료를 받지 않지만, 향후 추가될 수도 있다. Set 프로토콜의 가격과 수익률은 MakerDAO의 공개 오라클 가격 피드를 통해 계산되며, 이는 또한 Synthetix에서 사용된다. 동적 Set의 또 다른 주요 이점은 거래 전략이 스마트 계약 내에 공개적으로 인코딩되어 사용자가 자신의 자금이 어떻게 배분되고 있는지 정확히 알고 언제든지 쉽게 상환할 수 있다는 것이다.

또한 Set 프로토콜은 소셜 트레이딩(Social Trading)의 특징도 갖고 있다. 소셜 트레이딩에서는 단일 거래자가 재배분을 통제하여 특정 자산들로 포트폴리오가 제한된 Set를 사용자가 매입할 수 있다. 이들 포트폴리오는 적극적으로 운용되기 때문에 액티브 뮤추얼펀드 또는 헤지펀드와 훨씬 더 유사한 기능을 한다. 포트폴리오 매니저가 선택할 수 있는 미리 정의된 자산 집합이 있으며, 사용자는 이러한 계약 집행에서 투명성의 혜택을 받을 수 있다는 점에서 이러한 이점은 유사하다.

예를 들어, Set의 포트폴리오 매니저는 ETH상에서 "낮게 사고 높게 판매"하는 목표를 가지고 있다. 매니저가 사용할 수 있는 자산은 ETH와 USDC뿐이며, 매니저에게 허용되는 할당은 100% ETH와 100% USDC뿐이다. 매니저의 재량에 따라 포트폴리오를 하나의 자산 또는 다른 자산으로 완전히 재조정하는 계약 기능을 실행할 수 있다. 이것이 매니저가 내릴 수 있는 유일한 할당 결정이다. 1,000 USDC로 시작한다고 가정해 보자. ETH 가격이 100 USDC/ETH까지 떨어지고 매니저가 매수를 결정하면 재조정을 시작하여 Set에 10 ETH를 보유할 수 있다. ETH의 가격이 $200로 두 배 증가한다면, 전체 Set 가격은 이제 $2,000의 가치가 된다. Set 자산의 10%를 소유한 주주는 1 ETH에 대해 자신의 지분을 상환할 수 있다.

Set는 미래의 자산관리를 더욱 P2P 방식으로 만들어 펀드 매니저가 비전통적인 경로를 통해 투자를 받을 수 있도록 하고, 모든 투자자들이 최고의 매니저를 이용할 수 있게 한다. 다수의 Set가

〈표 6.8〉 Set 프로토콜이 해결하는 문제점

전통적 금융의 문제점	Set 프로토콜 솔루션
중앙통제: 펀드매니저는 투자자의 의사에 반해 펀드를 통제할 수 있음	스마트 계약 수준에서 투자자의 펀드에 대한 주권을 시행함
제한된 액세스: 뛰어난 펀드 매니저들도 때때로 성공적으로 펀드를 운용하기 위한 자본을 얻기 어려움	소셜 트레이딩 기능을 사용하면 누구나 펀드 매니저가 되어 자신의 능력을 보여줄 수 있음
비효율성: 구식 관행이 여전히 많음	스마트 계약으로 인코딩된 거래 전략은 최적의 실행으로 이어짐
상호 운용성 부족: 자산을 새로운 패키지로 결합하여 신규 금융상품으로 통합하는 것이 어려움	Set 토큰은 다른 디파이 프로토콜에서 그대로 사용 가능한 ERC-20 호환 토큰임. 예를 들어, Aave는 인기 있는 일부 Set에 대해 Set 토큰의 대출 및 차용을 허용함
불투명성: 특정 시점에서 ETF나 뮤추얼펀드의 자산 내역을 파악하는 것이 어려움	Set 토큰의 전략과 배분은 완전히 투명함

이용하는 추가적인 개선사항은 Compound 투자 버전의 토큰인 cToken을 구성요소로 사용한다는 것이다. 재조정 사이에 토큰은 Compound 프로토콜을 통해 이자를 얻는다. 이는 투자자를 위한 새로운 상품과 가치를 창출하도록 구성된 디파이 플랫폼의 하나의 사례이다.

Wrapped Bitcoin

Wrapped Bitcoin(wBTC)[35] 애플리케이션은 토큰화에, 특히 BTC에 대해서 체인상에 있는 오프체인 자산을 대표하는 방식을 취한다. 추상적으로 wBTC는 모든 이더리움에서 시작된 디파이 플랫폼에서 BTC를 담보 또는 유동성으로 포함할 수 있도록 한다. BTC가 상대적으로 변동성이 낮고[36] 시가총액 기준으로 가장 잘 채택된 암호화폐라는 점을 감안할 때, 이러한 특성은 디파이 댑스에 대한 대규모의 잠재적인 자본 풀을 열어준다.

wBTC 생태계는 사용자, 판매자, 관리자의 세 가지 주요 이해당사자로 구성되어 있다. 사용자는 단순히 wBTC, 즉 이더리움 토큰화된 BTC와 관련된 가치 제안에 대한 수요를 창출하는 거래자와 디파이 참가자를 말한다. 사용자는 BTC를 이전하고 필요한 KYC/AML을 수행함으로써 판매자로부터 wBTC를 구매할 수 있다. 따라서 wBTC의 입출 지점이 중앙화되고 오프체인 신뢰와 인프라에 의존하게 된다. 판매자는 BTC를 관리자에게 이관할 책임이 있다. 이관 시점에서 판매자는, 관리자가 BTC를 보관하고 wBTC의 주조를 승인받았다는 신호를 온체인 이더리움 스마트 계약에 보낸다. 관리자는 산업 표준 보안 메커니즘을 사용하여 BTC를 wBTC 생태계에서 인출될 때까지 보관한다. 일단 관리자가 수

령했음을 확인하면, wBTC를 만들어 판매자에게 분배하게 된다. 끝으로, 판매자는 wBTC를 사용자에게 전송하는 것으로 순환이 마무리된다.

어떠한 단일 참여자도 wBTC의 주조와 소각을 통제할 수 없으며, 시스템에 들어오는 모든 BTC는 온체인 펀드의 보관을 증명하는 거래 영수증을 통해 감사를 받는다. 이러한 보호장치는 시스템의 투명성을 높이고 시스템에 내재된 사용자의 위험을 낮춘다. 네트워크는 판매자와 관리자로 구성되어 있기 때문에, 모든 사기는 단일 중앙화 운영 주체에서 발생할 수 있는 비용과 비교해 매우 적은 전체 비용만으로 네트워크에서 빠르게 제거될 수 있다. 판매자와 관리인이 네트워크에 출입하는 메커니즘은 wBTC DAO가 제어하는 다중 서명 지갑이다. 이 경우, DAO는 거버넌스 토큰을 갖지 않는다. 대신 소유자를 추가하거나 삭제할 수 있는 소유자 집합이 DAO를 통제한다. 이 계약은 현재 최대 50명의 소유자를 허용하며, 변경을 호출할 수 있는 최소 임계값은 11이다. 숫자 50과 11은 여러 조건이 충족될 경우 변경될 수 있다. 이 시스템은 우리가 논의한 다른 거버넌스 메커니즘보다 더 중앙집중적이지만, 여전히 한 명의 관리자가 모든 wBTC를 통제할 수 있도록 허용하는 것보다 더 분산되어 있다.

Ⅶ 위험

Risks

앞서 강조했듯이, 디파이(DeFi)는 개발자로 하여금 새로운 유형의 금융 상품과 서비스를 창출하도록 하여 금융기술의 가능성을 확장시킨다. 디파이는 중개자를 배제하고 신뢰 없이 금융자산을 교환할 수 있도록 하는 것과 같이 신용 위험을 제거할 수 있긴 하지만, 모든 혁신적 기술들은 일련의 새로운 위험을 들여온다. 사용자와 기관에 새로운 금융 애플리케이션들을 처리할 수 있는 견고하고(고장이 발생하더라도 제대로 작동하는) 고장 허용 시스템을 제공하기 위해서, 우리는 이러한 위험에 맞서 적절히 완화시켜야만 한다. 그렇지 않으면 디파이는 예비 기술로 남아, 그 사용과 채택 그리고 매력이 제한될 것이다.

오늘날 디파이가 직면한 주요 위험은 스마트 계약, 거버넌스, 오라클, 스케일링, 탈중앙거래소, 수탁, 환경, 규제에 관한 것들이다.

스마트 계약 위험(Smart Contract Risk)

지난 10년간 암호화폐 중심 상품, 주로 거래소들이 반복적으로 해킹을 당했다.[1] 이러한 상황 중 다수가 부실한 보안 실무로 인해 발생했다는 사실에 비추어 본다면, 이는 중요한 점을 보여주고 있다. 바로 소프트웨어가 해킹과 개발자 과실에 특별히 취약하다는 것이다. 블록체인은 그 고유의 속성을 통해 신용 위험과 같은 전통적인 금융 위험을 제거할 수 있으나, 디파이는 코드를 기반으로 구축된 것이다. 이러한 소프트웨어 기반은 공격을 가하는 이들에게 전통적인 금융기관을 위협하는 벡터보다 더 큰 표면을 제공한다. 앞서 논의했듯이, 퍼블릭 블록체인은 개방형 시스템이다. 코드가 구현된 이후에는 누구나 블록체인상에서 코드를 볼 수 있고, 상호작용을 할 수 있다. 이 코드가 블록체인 토종의 금융자산의 저장과 이체를 빈번하게 담당하기 때문에, 새롭고도 독특한 위험을 가져온다. 이러한 새로운 공격 벡터를 스마트 계약 위험이라고 한다.

디파이의 기반은 스마트 계약이라고 알려진 공공 컴퓨터 코드이다. 닉 사보(Nick Szabo)가 1997년에 저술한 논문[2]에서 처음으로 소개된 스마트 계약의 실행은 주류 엔지니어링 실무에서는 새로운 것이었기에 스마트 계약의 버그와 프로그래밍 오류에 대한 해결책은 여전히 개발 중에 있다. 최근 디포스(DForce)와 비지엑스(bZx) 해킹은 스마트 계약 프로그래밍의 취약성을 입증하는 것으로, 모범 사례들과 스마트 계약 전문지식에 있어서의 이러한 격차를 메우기 위해 퀀트스탬프(Quantstamp), 트레일오브비츠(Trail of Bits), 펙쉴드(Peckshield)와 같은 감사회사들이 등장하고 있다.[3]

스마트 계약 위험은 코드 내의 논리적 오류의 형태를 취하거나,

공격자가 플랫폼으로부터 의도된 기능을 넘어서는 자금을 인출할 수 있는 경제적 착취의 형태를 취할 수 있다. 전자의 경우는 코드 내의 어떤 전형적인 소프트웨어 버그라 할 수 있다. 예를 들어, 사용자로부터 특정 ERC-20의 예금을 예치해서 전체 잔고를 복권 당첨자에게 이체하도록 만들어진 스마트 계약을 생각해 보자. 계약은 내부적으로 얼마나 많은 토큰을 보유하고 있는지 지속적으로 파악하며, 이체를 실행할 때 그 숫자들을 금액으로 사용한다. 우리의 가상 계약에서 버그는 여기에 속할 것이다. 반올림의 오류로 인해 내부의 숫자는 계약상 토큰의 실제 잔고보다 약간 더 많을 것이다. 이체를 시도한다면, "너무 많이" 이체되어 실행은 실패로 돌아갈 것이다. 안전장치 없이 토큰은 프로토콜 내에서 기능적으로 잠겨 있다. 비공식적으로 이러한 토큰들은 무용지물된 자금 (bricked funds)이라 알려져 있으며, 회수가 불가능하다.

경제적 착취는 좀 더 미묘할 것이다. 코드의 논리에 명백한 실패는 존재하지 않더라도, 오히려 경제적으로 준비가 된 자들이 계약의 비용으로 부적절하게 이익을 얻기 위해 시장의 상황에 영향을 미칠 수 있는 기회는 존재할 수 있다. 예를 들어, 두 토큰 사이의 거래소 역할을 하며 체인상의 다른 유사 계약의 환율을 보고 약간의 조정과 함께 이 환율을 제공함으로써 가격을 결정하는 계약을 생각해 보자. (다른 거래소는 이 특정한 계약을 위한 가격 오라클의 역할을 담당한다) 이 사례에서, 오라클 거래소가 본 거래소에 비해 현저하게 낮은 유동성을 가질 때 경제적 착취의 가능성은 유발된다. 재정적으로 준비된 상대는 가격을 조작하기 위해 오라클 거래소에서 대량으로 매도한 다음, 가격의 움직임을 이용하기 위해 본 거래소에서 훨씬 더 많은 매수를 진행할 수 있다. 이것의 최종

적인 효과는 공격자가 유동성 낮은 오라클을 조작함으로써 유동성 높은 거래소에서 할인된 가격을 만들어낼 수 있다는 것이다.

이더리움 사용자라면 누구나 플래시 론(flash loan)으로 단 한 번의 거래를 위한 재정적 준비가 가능하다는 점을 고려한다면, 경제적 착취는 더욱 까다로운 문제가 된다. 하나의 거래 내에서 대규모 시장 변동성에 의해 조작될 수 없도록 프로토콜을 설계할 때 반드시 각별한 주의가 필요하다. 플래시 론을 이용하는 경제적 착취를 플래시 공격(flash attack)이라고 한다. 2020년 2월 Compound와 유사한 대출시장인 bZx 펄크럼(bZx Fulcrum)에서 세간의 이목을 끄는 일련의 플래시 공격이 실행되었다.[4] 공격자는 플래시 론을 이용하여 자금의 일부로 차입 공매도 포지션을 사들이고, 나머지 자금을 공매도 포지션의 기반이 있는 오라클 거래소의 가격을 조작하는 데 썼다. 그런 다음 공격자는 이익을 남기고 공매도를 마감하고, 시장 거래를 풀어내고, 플래시 론을 상환했다. 거의 0에 가까운 초기비용으로 거둔 순이익은 bZx가 기존에 보유하고 있던 자금 30만 달러에 상당했다.

가장 유명한 스마트 계약 공격은 2016년에 발생했다. 슬록잇(Slock.it)이 블록체인 벤처기업들을 위한 최초의 탈중앙 벤처캐피털 펀드의 역할을 하도록 설계해, 2016년 4월 30일 론칭한 스마트 계약은 당시 이용 가능한 전체 ETH의 약 14%를 유치했다.[5] DAO 토큰은 2016년 5월부터 거래가 시작되었지만, 코드의 아주 중요한 부분의 두 줄의 순서가 틀려, ETH가 반복적으로 인출되도록 했다. 해커가 인출할 자격이 있는지 확인하기도 전에 말이다. 이러한 결함을 재진입성 버그(reentrancy bug)라고 한다. 2016년 6월 17일, 어느 해커가 계약금액의 30%를 유출시키고, 이후 또 다른 그룹인

로빈후드 그룹(Robin Hood Group)이 나머지 70%를 유출시켰다. 로빈후드 그룹은 모든 ETH를 원래 소유주에게 돌려주기로 약속했다. 원래 계약은 자금 인출 전 28일의 보유기간이 설정되어 있어서, 이더리움 커뮤니티는 하드포크(hard fork)를 만들어 히스토리를 다시 써서 해킹을 제거할 것인지에 대한 토론을 벌였다. 결국, 로빈후드 그룹은 하드포크를 추진하기로 결정, ETH를 원래 투자자들에게 돌려주었다. 구(舊) 프로토콜은 이더리움 클래식(Ethereum Classic, ETC)이 되어 변경 불가능한 기록을 보존했다. DAO 계획은 2016년 7월 SEC가 DAO 토큰을 증권으로 선언하면서 중단되었다.

이와 같은 부당한 이용 사례는 다수 있었다. 2020년 4월 해커들은 디포스(dForce)의 대출 프로토콜인 렌드프닷미(Lendf.Me)로부터 2,500만 달러를 부당하게 이용했다. 흥미롭게도 렌드프닷미의 코드는 대부분 Compound로부터 베낀 것이었다. 실제로 디포스의 계약서에는 "Compound"라는 단어가 4차례 등장한다. Compound의 CEO는 다음과 같이 언급했다. "만약 어떤 프로젝트가 자체적인 스마트 계약을 개발할 전문성을 갖추고 있지 않다면, … 그것은 그들이 보안을 고려한 능력 또는 의도가 없다는 신호입니다."[6]

2021년 2월, 규모는 작지만 대단히 흥미로운 공격이 발생했다. 목표 대상은 Yearn.finance로, 사용자가 원래 투자자의 수익률을 극대화시키기 위해 다른 디파이 프로토콜에 할당되어 있는 풀에 자금을 예치하는 yield aggregator이다.[7] 이 거래에는 Compound, dYdX, Aave, 유니스왑을 이용한 161개의 토큰이 포함되었으며, 가스비로 5천 달러 이상의 비용이 들었다.[8] 여기에는 2억 달러 이상의 플래시 론도 수반되었다.

모범 사례들이 개발되고 복잡한 스마트 계약들이 고가의 거래들을 처리하는 데 필요한 회복탄력성을 갖추기까지 스마트 계약 프로그래밍이 가야 할 길은 여전히 멀다. 스마트 계약 위험이 디파이의 지형을 위협하는 한, 사용자들은 자신들과 상호작용을 하고 자신들의 자금을 보호 관리하는 계약을 신뢰하기를 주저할 것이기에, 애플리케이션 채택 및 신뢰는 타격을 입게 될 것이다.

거버넌스 위험(Governance Risk)

프로그래밍 위험은 새로운 것이 아니다. 실제로 현대 컴퓨팅이 시작된 이래 반세기 이상 존재해왔다. 유니스왑과 같은 일부 프로토콜에는 프로그래밍 위험이 유일한 위협이기도 하다. 애플리케이션이 자율적이며 스마트 계약에 의해 제어되기 때문이다. 다른 디파이 애플리케이션들은 단순히 자율적인 컴퓨터 코드 이상의 것에 의존한다. 예를 들면, 앞서 설명했던 탈중앙 신용거래 시설인 MakerDAO는 시스템의 지불 능력을 유지하기 위해 능동적으로 프로토콜의 파라미터들을 조정하는, 사람이 제어하는 거버넌스 프로세스에 의존한다. 이것은 거버넌스 위험을 초래하는데, 이는 디파이 지형에서만 볼 수 있는 특유의 것이다.

프로토콜 거버넌스란 프로토콜의 변경을 가능하게 하는 대표자 또는 유동적인 민주주의 메커니즘을 말한다.[9] 거버넌스 과정에 참여하기 위해, 사용자들과 투자자들은 반드시 유동성 시장에 대한 권리를 명시적으로 할당받은 토큰을 획득해야만 한다. 일단 토큰을 획득하면, 토큰의 보유자들은 이 토큰을 사용해 프로토콜의 변경에 투표하고 향후 방향을 인도한다. 거버넌스 토큰은 대개 과반

(51%)을 얻으려는 사람의 시도에의 저항을 돕는 고정 공급을 가지고 있지만, 그럼에도 불구하고 악의적 이용자가 통제하는 위험에 프로토콜을 노출시킨다. 오토마타(Automata)와 같은 새로운 프로젝트[10]들은 사용자들로 하여금 거버넌스 투표를 직접 구매할 수 있도록 하며, 악의적이거나 적대적인 거버넌스의 위협을 가속화할 공산이 있다.

전통적인 기업에서는 행동주의 투자자들이 주식을 매입하고 투표를 통해 회사의 방향을 투자자들이 원하는 쪽으로 기울일 수 있다. 거버넌스 토큰이 있는 디파이 프로토콜도 이와 유사하다. 거버넌스 시스템이 프로토콜의 수명에 훨씬 일찍 투입되어 더 큰 위험을 초래할 수 있다는 점을 제외하면 말이다. 게다가 전통적인 기업에서는 아무리 행동주의 투자자들이라 해도 합법적으로 강제할 수 있는 소수 주주들에 대한 신탁의 "충실 의무(duty of loyalty)"에 얽매여 있지만, 디파이에서는 이것이 존재하지 않는다.

2021년 3월 13일 트루 시뇨리지 달러(True Seigniorage Dollar)에 거버넌스 공격이 있었다. 당시 개발자들은 DAO의 단 9%만을 제어했다. 공격자는 33%의 DAO를 가질 때까지 점진적으로 $TSD를 사들였으며, 그런 다음 실행을 작정하고 투표를 했다. 공격자는 자신에게 1,150경 $TSD를 발행하기 위해 코드를 추가한 뒤 118억 $TSD 토큰을 팬케이크스왑(Pancakeswap)에서 팔았다.[11]

오라클 위험(Oracle Risk)

오라클은 디파이에서 마지막으로 해결되지 못한 문제들 중 하나이자 대부분의 디파이 프로토콜이 올바르게 작동하기 위해 필요한 것이다. 기본적으로 오라클은 다음의 간단한 질문에 대답하는 것을 목표로 한다. 어떻게 오프체인 데이터를 안전하게 온체인에 기록할 수 있을까? 오라클이 없으면, 블록체인은 철저하게 자체 캡슐화되어 원(原)블록체인에 추가된 거래 외에 외부 세계 지식은 없다. 다수의 디파이 프로토콜은 현금화 및 예측 시장 분석과 같은 통상적 활동들의 올바른 작동을 보장하기 위해 안전하고도 부정조작을 못하게 만든 자산가격에의 접근을 요구한다. 이러한 데이터 피드에 프로토콜이 의존함으로써 오라클 위험이 초래된다.

오라클은 그것이 지탱하는 시스템에 대한 중대한 위험을 나타낸다. 만약 오라클의 부패비용(cost of corruption)이 공격자의 잠재적인 부패로부터의 이익(profit from corruption)에 미치지 못한다면, 오라클은 공격에 극도로 취약한 것이다.

현재까지 세 가지 유형의 오라클 솔루션이 도입, 개발, 사용되고 있다. 첫 번째는 셸링포인트 오라클(Schelling-point oracle)로, 이벤트 결과에 투표하거나 자산가격을 보고하기 위해 고정 공급 토큰의 소유자에게 의존한다. 이러한 유형의 오라클의 예로는 Augur와 UMA 등이 있다.[12] 셸링포인트 오라클은 그에 의존하는 프로토콜의 탈중앙 요소들을 유지하는 반면, 해결이 더뎌 고생을 한다. 두 번째는 데이터나 가격에 대한 요청에 비실시간으로 대응하는 중앙집중적 단체인 API 오라클(API oracle)이다. 이것의 예로는 프루버블(Provable), 오라클라이즈(Oraclize), 체인링크(Chainlink) 등이 있다.[13] API 기반의 오라클에 의지하는 모든 시스템은 모든 문의사항들에 정확히 응답하기 위해 반드시 데이터 공급자를 신뢰해야만 한다. 세 번째 유형의 오라클은 Maker와 Compound가 사용 중인 맞춤형, 주문형 오라클 서비스이다. 이 유형의 오라클 디자인은 그것이 개발된 프로토콜의 요구사항에 따라 다른데, 예를 들면, Compound는 온체인 가격 데이터를 Compound 오라클에 제공하기 위해 Compound 팀이 제어하는 단일 데이터 공급자에 의존한다.

오늘날 오라클은 그에 의존하는 디파이 프로토콜에의 가장 큰 위험을 나타낸다. 모든 온체인 오라클은 프런트 러닝에 취약하며, 차익거래자들로 인해 수백만 달러를 잃었다.[14] 게다가 체인링크나 Maker 같은 오라클 서비스는 파국을 초래한 후속 효과로 심각한 운영 중단을 겪기도 했다.[15] 오라클의 블록체인 내재화가 이루어지고, 단단해지고, 회복탄력성이 입증되기 전까지, 오라클은 오늘날 디파이에 가장 큰 시스템적 위협에 해당한다 하겠다.

스케일링 위험(Scaling Risk)

지금까지 논의한 바와 같이, 이더리움 및 기타 작업증명(컨센서스 메커니즘) 블록체인은 블록의 크기가 고정되어 있다. 하나의 블록이 체인의 일부가 되기 위해서는, 모든 이더리움 채굴자가 반드시 본인 기계로 포함되어 있는 모든 거래를 실행해야만 한다. 각각의 채굴자가 글로벌 금융시장을 위해 모든 금융거래를 처리할 것이라고 기대하는 것은 비현실적이다. 현재 버전의 이더리움은 지금은 초당 최대 30건 거래(transactions per second, TPS)로 제한되어 있지만, 오늘날의 거의 모든 디파이가 이 블록체인에 상주하고 있다. 65,000 TPS까지 처리할 수 있는 비자(Visa)와 비교할 때, 이더리움은 처리량의 0.1% 미만을 처리할 수 있다. 이더리움의 확장성 부족은 디파이로 하여금 필요한 요구에 부응하지 못하는 위험에 처하게 한다. 많은 노력이 이더리움의 확장성을 키우거나 이더리움을 더 많은 거래량을 더 쉽게 처리할 수 있는 대체 블록체인으로 교체하는 데 집중되고 있다. 지금까지 오랫동안 기다려온 이더리움 버전2는 구현되지 않았지만, 폴카닷(Polkadot), 질리카(Zilliqa), 알고랜드(Algorand)와 같은 몇몇 새로운 플랫폼에서 이러한 스케일링 위험에 대한 몇 가지 해결책을 제공하고 있다.[16]

이 문제에 대해 적극적으로 해결책을 추구한 것은 새로운 컨센서스 알고리즘인 지분증명(proof of stake)으로, 이 책의 제3장에서 소개한 바 있다. 지분증명은 (확률적 대기시간을 요구하는) 블록의 채굴을 작업증명과 비슷한 다수결 원칙으로 다음 블록에 자산을 스테이킹하는 것으로 간단히 대체한다. 암호화폐와 디파이에서 중요한 개념인 스테이킹(Staking)은 사용자가 스마트 계약에 자금을 예치하는 것을 의미하며, 만약 예상된 행동에서 벗어날 경우 벌금(슬래시 자금, slashed funds)을 물게 되어 있다.

지분증명에서의 악의적인 행동은 복수의 후보 블록에 투표할 때 발생한다. 이러한 행위는 분별력의 부족을 보여주고 투표수를 왜곡하므로 벌칙을 받게 된다. 지분증명에서의 보안은 악의적 행위자가 해당 체인상의 나머지 모든 스테이커(staker)보다 더 많은 비축 자산(staked asset)을 축적해야 할 것이라는 개념에 기초하고 있다. 이러한 목표는 실행 불가능하며, 따라서 작업증명과 유사한 강력한 보안 속성을 초래한다.

수직 및 수평 스케일링은 블록체인 처리량을 늘리는 두 가지 추가적인 일반적 접근법이다. 수직 스케일링은 모든 거래 처리를 단일 대형 머신으로 집중시킨다. 이러한 중앙집중화는 이더리움과 같은 작업증명 블록체인과 연계된 통신 간접비(거래/블록 지연 시간)를 낮추지만, 한 대의 머신이 대부분의 시스템 처리를 책임지는 중앙집중화된 아키텍처, 즉 컴퓨터 시스템의 구성을 초래한다. 솔라나(Solana)[17]와 같은 일부 블록체인들은 이러한 접근법을 쫓아 50,000 TPS 이상 달성할 수 있다.

그러나 수평 스케일링은 시스템의 작업을 여러 조각들로 나누어 탈중앙화를 유지하지만 병렬화를 통해 시스템의 처리량을 증가시킨다. 이더리움 2.0은 (샤딩(sharding)이라 불리는) 이 접근법을 취해 지분증명 컨센서스 알고리즘과 결합시킨다.

이더리움 2.0의 기술적 아키텍처[18]는 솔라나와 같이 수직적으로 스케일링된 블록체인들과는 큰 차이가 있지만, 개선점은 동일하다. 이더리움 2.0은 복수의 블록체인과 더불어 수평 스케일링을 사용하며, 50,000 TPS 이상 달성할 수 있다.

이더리움 2.0의 개발이 수년째 지연되고 있긴 하지만, 그 어떤 스마트 계약의 지원도 없이 기본 블록체인을 담을 메인넷은 2021년 가동 준비가 될지도 모른다. 이더리움 2.0은 수평 스케일링 블록체인 간에 거래를 보내기 위한 기능 사양을 아직까지 마무리 짓지 못했다.

스케일링 위험을 줄이기 위한 가능성 있는 또 다른 아이디어로는 이더리움 레이어2 지형이 있다. 레이어2(Layer 2)란 원하는 수준의 보안을 유지하기 위해 암호화 기술과 경제적 보장을 사용해 블록체인상에 구축한 솔루션을 뜻한다. 거래는 악의적인 행위자에 저항하는 형식으로 서명되고 집계될 수 있지만, 어떤 종류의 차이가 존재하는 것이 아닌 한 블록체인상에 직접 게시되지 않는다. 이는 고정된 블록의 크기와 속도의 제약을 제거함으로써 훨씬 더 높은 처리량을 가능하게 해준다. 일부 레이어2 솔루션은 현재 활성화되어 있다.

그간 이더리움의 거래 수수료가 매우 높은 수준까지 올라, 레이어2의 사용량은 정체 상태이다. 이 공간은 발전이 느리게 이루어져, 많은 유효 솔루션들도 스마트 계약이나 탈중앙 거래에 대한 지원이 부족하다. 개발 중에 있는 아이디어 중 하나인 옵티미스틱 롤업(optimistic rollup)은, 일정한 간격을 두고 주기적으로 체인상으로 제출되는 단일 다이제스트로 오프체인에서 거래가 합쳐지는 과정을 말한다. 채권(지분)을 가지고 있는 애그리게이터(aggregator)만이 이와 같이 정리된 내용들을 결합, 제출할 수 있다. 중요한 것은, 누군가 이의를 제기하지 않는 한 그 상태가 유효한 것으로 가정된다는 것이다. 만약 문제가 발생하면 암호기법으로 애그리게이터가 그릇된 상태를 게시했는지 여부를 증명할 수 있다. 그리고 증명을 한 사람은 악의적 애그리게이터의 채권 일부를 인센티브로 보상받는다(키퍼의 메커니즘과 유사하다). 유망함에도 불구하고 옵티미스틱 롤업은 아직 기능적 메인넷을 제공하지 못했으며 잦은 롤업 거래 포스팅뿐만 아니라 값비싼 사기의 증거 서류를 필요로 해, 그 처리량이 제한되고 있으며 평균 거래 비용을 증가시킨다.

많은 접근방식들이 오늘날 디파이가 직면하고 있는 확장성 위험(scalability risk)을 줄이는 것을 목표로 하고 있지만, 이 분야에는 확실한 승자가 없다. 디파이의 성장이 블록체인의 스케일링에 의해 제한되는 한, 애플리케이션도 그 잠재적 영향력이 제한될 것이다.

탈중앙거래소 위험(DEX Risk)

오늘날 가장 인기 있는 디파이 상품들은 전통적 금융에서 관찰되는 상품들을 반영한다. 디파이의 주요 용도는 레버리지의 획득, 트레이딩, 합성 자산에의 노출이다. 트레이딩은 예상대로 가장 높은 온체인 활동을 차지한다. 한편 새로운 자산(예를 들어, ERC-20 토큰, Synthetics)의 도입은 탈중앙거래소(decentralized exchange, DEX)의 캄브리아기 대폭발로 이어졌다. 이러한 탈중앙거래소들은 그 설계 및 아키텍처에 있어서 상당히 다양하지만, 모두 다 자산 교환을 위한 최적의 탈중앙화된 장소를 어떻게 만들 것인가라는 동일한 문제를 해결하기 위한 시도라 하겠다.

이더리움상의 탈중앙거래소 지평은 다음의 두 가지 지배적 형태로 구성된다. 바로 자동시장조성자(automated market maker, AMM)와 오더북 거래소(order-book exchange)인데, 두 형태의 탈중앙거래소 모두 그 아키텍처가 다양하며 상이한 위험 프로파일을 가지고 있다. 그러나 지금까지는 자동시장조성자가 가장 인기 많은 탈중앙거래소로, 그 이유는 전통적인 신용 위험을 제거하는 동시에 사용자들로 하여금 신뢰가 필요하지 않으면서도 안전하게 자산을 교환할 수 있도록 하기 때문이다. 신뢰가 필요치 않은 스마트 계약에 거래소의 유동성을 저장함으로써, 자동시장조성자는 사용자들에게 거래 주체 한 쌍의 거래가에 대한 즉각적인 접근을 허용한다. 아마도 유니스왑은 자동시장조성자의 가장 잘 알려진 예일 텐데, 상수함수 시장조성자(constant-function market maker, CFMM)라고도 알려져 있다. 유니스왑 v2는 두 자산의 상품에 의존해 거래가를 결정한다. 풀(pool) 내의 유동성의 양은 거래 도중 자산의 교환이 이루어질 때 슬리피지(slippage)를 결정한다.

유니스왑과 같은 CFMM은 사용자 경험과 편의를 위해 최적화하지만, 절대수익을 희생한다. CFMM의 유동성 공급자(liquidity provider, LP)들은 자산을 풀에 예치함으로써 수익을 올린다. 모든 거래에 대한 수수료를 풀이 취하기 때문이다(유동성 공급자들은 높은 거래량으로부터 이익을 얻는다). 이것은 풀로 하여금 유동성을 끌어모으는 것을 가능하게 하지만 유동성 공급자들을 스마트 계약 위험과 일시적 손실에 노출시키는데, 이 일시적 손실은 하나의 풀에 있는 두 자산이 서로 상관없는 수익과 높은 변동성을 가질 때 발생한다.[19] 이러한 속성들은 차익거래자들로 하여금 자산 변동성과 가격 차이로부터 이윤을 내게 해, 유동성 공급자들의 일시적 수익을 감소시키고 자산가격이 급격히 변동할 경우 그들을 위험에 노출시킨다. 캡(Cap)[20]과 같은 일부 자동시장조성자는 오라클을 이용해 거래가를 결정하고 차익거래자들의 유동성 공급자 착취를 방지하기 위해 가격곡선을 역동적으로 조정함으로써 일시적 손실을 줄일 수 있지만, 일시적 손실은 오늘날 사용되는 대부분의 자동시장조성자의 큰 문제로 남아 있다.

2021년 5월 5일 유니스왑이 그 세 번째 버전(v3)을 출시했다. v2와 v3의 주요 차이점은 유동성 공급자들이 사용자가 정의한 범위에 자금을 할당할 수 있다는 점이다(CFMM에서의 범위는 제한되어 있지 않으며 잠재적으로는 무한하다). 이것은 개별화된 가격곡선들을 만들어내며, 거래자들은 이 모든 곡선들의 유동성의 집합과 상호작용을 한다. 범위를 지정할 수 있는 능력을 고려할 때, v3는 지정가 주문 시스템(limit order system)과 다소 유사하다.

온체인 오더북 탈중앙거래소들은 서로 다르지만 일반적인 위험

세트를 가지고 있다. 이러한 거래소들은 그 실행의 기저를 이루는 블록체인으로부터 물려받은 확장성의 문제로 어려움을 겪고 있으며, 정교한 차익거래봇(arbitrage bots)의 프런트 러닝에 취약한 경우가 많다. 오더북 탈중앙거래소는 또한 종종 정교함이 떨어지는 시장조성자들의 존재로 인해 스프레드(spread)가 큰 경우가 많다. 전통적인 금융은 점프(Jump), 버투(Virtu), 디알더블유(DRW), 제인스트리트(Jane Street)[21] 등의 정교한 시장조성자에 의존할 수 있는 반면, 오더북 탈중앙거래소는 각각의 자산 쌍에 대해 단일 시장조성자에 의존할 수밖에 없는 경우가 많은데, 그 이유는 오더북 탈중앙거래소에 온체인 유동성을 제공하기 위해 필요한 디파이 시장과 복잡한 컴퓨팅 인프라스트럭처의 발생 때문이다. 시장이 진화할수록 우리는 이러한 장애물들이 허물어지고 보다 전통적인 시장조성자들이 생태계에 진입할 것이라 기대한다. 하지만 현재로서는 이러한 장애물들이 상당한 진입 장벽을 형성하고 있다. 그럼에도 불구하고 자동시장조성자와 오더북 탈중앙거래소는 모두 거래자들에게 비관세의, 신뢰가 필요하지 않은 거래소 플랫폼을 제공하면서 신용 위험을 제거할 수 있다.

몇몇 탈중앙거래소들은 완전히 오프체인 오더북을 사용해, 온체인 오더북 탈중앙거래소들이 제기하는 시장 조성 및 스케일링의 문제들을 피해가는 동시에 비수탁형 탈중앙거래소(non-custodial DEX)의 혜택은 유지한다. 이러한 거래소들은 모든 포지션(position)의 출입을 체인상에 안착시킴으로써 기능한다. 이는 탈중앙거래소로 하여금 온체인 오더북 탈중앙거래소들이 직면해 있는 스케일링 및 사용자 경험(UX)의 문제들을 피하게 해줄 뿐 아니라, 규제순응에 관한 별도의 문제들도 제시한다.

오늘날 탈중앙거래소의 지평에 존재하는 수많은 위험에도 불구하고, 시간이 지나면서 기술이 발전하고 시장의 플레이어들이 정교함을 키워감에 따라 이 위험들은 축소될 것이다.

수탁 위험(Custodial Risk)

수탁(custody)에는 셀프, 부분, 제3자의 세 가지 유형이 있다. 셀프 수탁을 통해 사용자는 본인만의 솔루션을 개발하는데, 이 솔루션은 인터넷에 연결되지 않은 플래시 드라이브일 수도, 하드 카피일 수도, 저장 장치일 수도 있다. 부분 수탁은 셀프 수탁과 외부 솔루션(예를 들어, Bitgo)을 겸비한다. 여기서 외부 공급자에 대한 해킹은 개인 키(private key)를 재생성하기에는 불충분한 정보를 제공한다. 그러나 만약 사용자가 자신의 개인 키를 분실할 경우, 외부 솔루션을 겸비한 사용자는 키를 재생성할 수 있다. 마지막 옵션은 제3자 수탁이다. 전통적으로 중앙집중식 금융에서의 수탁에 중점을 두던 많은 기업들이 이제는 탈중앙화 금융에서 솔루션을 제공하고 있다(예를 들어, Fidelity Digital Assets).

개인 투자자들은 일반적으로 두 가지 선택지를 마주한다. 첫 번째 옵션인 셀프 수탁에서는 사용자가 자신의 키를 완전히 제어한다. 하드웨어 지갑(hardware wallet)이나 웹 지갑(web wallet, 예를 들어, 키를 브라우저에 저장하는 MetaMask), 또는 데스크톱 지갑(desktop wallet), 심지어는 종이 지갑(paper wallet)도 여기에 포함된다. 두 번째 옵션인 수탁형 지갑(custodial wallet)에서는 개인 키를 제3자가 갖고 있다. 이것의 예로는 코인베이스(Coinbase)와 바이낸스(Binance)가 있다.

셀프 수탁의 가장 명백한 위험은 개인 키가 분실되거나 잠기는 것이다. 2021년 1월 뉴욕타임스는 하드웨어 지갑을 사용했으나 비밀번호를 잊어버린 어느 프로그래머에 대한 기사를 실었다.[22] 2억 2천만 달러의 비트코인이 들어 있는 그 지갑은 열 번의 비밀번호 시도가 가능하며, 이후에는 모든 데이터가 파괴된다. 이 프로그래머에게는 단 두 번의 시도만이 남아 있다.

위임된 수탁 역시 위험을 수반한다. 예를 들어, 거래소가 개인 키를 가지고 있다면, 해킹을 당해 키를 잃어버릴 수도 있다. 대부분의 거래소들은 대부분의 개인 키를 "콜드 스토리지(cold storage, 인터넷에 연결되어 있지 않은 드라이브)"에 보관한다. 그럼에도 불구하고 거래소를 상대로 한 공격에는 긴 역사가 있으니, 마운트 곡스(Mt Gox, 2011-2014) 850,000 비트코인, 비트플로어(Bitfloor, 2012) 24,000 비트코인, 비트파이넥스(Bitfinex, 2016) 120,000 비트코인, 코인체크(Coincheck, 2018) 당시 5억 달러 상당의 5억2,300만 NEM, 바이낸스(Binance, 2019) 7,000 비트코인 등의 공격이 있었다.[23] 공격의 빈도는 낮아졌다. 코인베이스 등의 일부 중앙집중식 거래소에서는 보험까지 제공하고 있다. 이러한 모든 공격들은 중앙집중식 거래소를 대상으로 한 것이었으며, 탈중앙거래소에서 일어났던 공격 일부에 대해서는 이미 자세히 살펴보았다.

환경 위험(Environmental Risk)

비트코인과 이더리움 모두 사용하는 작업증명(PoW) 컨센서스 메커니즘은 그 컴퓨터의 연산 능력을 위해 많은 양의 전기를 필요로 한다. 이것은 강점인 동시에 약점이다. 연산 능력은 네트워크에 전에 없었던 보안을 제공해 준다. 현재로서는 상대방이 이러한 블록체인들에 오류를 일으키기에 충분한 해싱 파워(hashing power)를 얻기란 실행 불가능하다. 하지만 사용되는 에너지 대부분이 화석연료에 의해 발생된다는 점을 고려한다면, 그 또한 약점이기도 하다.

대부분의 디파이 활동은 현재 작업증명 블록체인인 이더리움 블록체인상에 속해 있다. 하지만 앞서 언급했듯이, 이더리움 2.0이 출시되면, 지분증명(PoS) 메커니즘을 이용해 에너지 효율성이 크게 향상될 것이라 약속한다. 실제로 많은 디파이 애플리케이션이 이미 지분증명 기반의 대체 블록체인들을 사용하고 있다. 중요한 것은, 지분증명은 또한 시간당 보다 많은 거래를 가능하게 해준다는 점에서, 환경적 영향을 뛰어넘어 지분증명으로 옮겨갈 강력한 인센티브가 존재한다는 사실이다.

이더리움이 훨씬 더 환경친화적이 될 수 있는 길은 분명히 존재하지만, 비트코인 역시 마찬가지라고는 말할 수 없다. 우리는 비트코인이 그 컨센서스 메커니즘을 바꿀 가능성은 매우 낮다고 본다. 이는 단기적으로 비트코인에 몇 가지 위험을 초래한다. 국가 규제당국들이 화석연료를 사용하는 지역에서 채굴자들의 활동을 어렵게 만들 가능성이 크다. 하지만 이는 전기 발전이 저렴하고 청정하게 이루어지는 아이슬란드처럼 에너지가 잠겨 있는 (수출이 불가능한) 국가들에게 기회를 창출해 주기도 한다. 오늘날에도 아이슬란드에서는 전 세계 채굴의 약 8%가 이루어지고 있다.

규제 위험(Regulatory Risk)

그 규모와 영향력이 커짐에 따라 디파이 시장은 더 큰 규제력을 지닌 감시, 감독과 맞닥뜨리게 될 것이다. 과거 상품선물거래위원회(Commodity Futures Trading Commission, CTFT)가 무시하던 주요 중앙집중식 현물 및 파생상품 거래소들이 최근 KYC/AML 준수 명령에 따르도록 강제되었고,[24] 다음 차례는 탈중앙거래소가 될 것으로 보인다. 지금 즉시 dYdX와 같은 여러 탈중앙 파생상품 거래소들은 반드시 미국 고객들이 특정 거래소 기능들에 접근하는 것에 지역 차단(geoblock)을 걸어야 한다. 탈중앙거래소들의 비수탁, 탈중앙적 성격은 불확실한 규제의 미래와 더불어 법적 회색 영역을 보여주는 반면, 시장이 확장되면 규제가 도래할 것이라는 데에는 의심의 여지가 거의 없다.

베이시스(Basis)로 알려져 있는 유명한 알고리즘 스테이블코인 프로젝트는 2018년 12월 규제 우려로 인해 강제 종료되었다.[25] 그 홈페이지에는 다음과 같은 미래의 유사 기업들을 위한 참혹한 메시지가 남아 있다. "불행히도, 미국의 증권 규제를 시스템에 적용시켜야만 하는 것은 우리의 베이시스 출시 능력에 심각한 부정적인 영향을 끼쳤습니다. … 그런 만큼, 투자자들에게 자본을 돌려주기로 결정했다는 소식을 전하게 되어 아쉽습니다. 이는 또한 불행히도 베이시스 프로젝트가 종료될 것이라는 의미이기도 합니다."[26] 규제 압박에 대한 대응에서 디파이는 익명의 프로토콜 설립자들의 수가 증가하는 것을 목격했다. 2021년 초, 한 익명의 팀이 오리지널 베이시스 프로젝트의 포크(fork)를 시작했다(Basis Cash[27]).

다수의 디파이 프로젝트들이 출시한 거버넌스 토큰들 역시 이러한 신규 자산들이 증권으로 규제를 받을 것인지에 관한 증권거래위원회(Securities and Exchange Commission, SEC)의 평가가 계속됨에 따라 점점 증가하는 정밀 조사에 직면하고 있다. 예를 들어, 이더리움상의 탈중앙 자금시장(money market)인 Compound는 최근 실질 가치나 미래 현금 흐름에 대한 권리가 없는 거버넌스 토큰을 출시했다. 그렇게 함으로써 Compound가 SEC의 증권 규제를 피할 수 있도록 해, 회사는 증권 발행의 책임으로부터 자유로워졌다. 앞으로 Compound의 예를 따르는 더 많은 프로젝트가 있을 것이라고 우리는 예상하고 있으며, 대부분이 새로운 토큰을 발행하기 전에 주의를 기울일 것으로 기대하고 있다. 많은 프로젝트들이 2017년 ICO(initial coin offering) 붐 이후 SEC가 부과한 가혹한 페널티로부터 배운 바 있기 때문이다.[28]

많은 주요 시가총액 암호화폐들이 그간 CFTC에 의해 상품으로 규정되어, 송금법으로부터 면제되어 왔다. 그러나 뉴욕과 같은 개별 주에서는 암호화폐의 이체 및 거래를 용이하게 해주는 중개업을 대상으로 하는 규제가 마련되어 있다.[29] 디파이가 계속해서 성장하고 총 발행 자산의 수가 계속해서 확대됨에 따라, 디파이 프로토콜 및 그 사용자들을 겨냥한 점점 더 구체적이고 미묘한 차이를 지닌 규제가 나올 것으로 예상된다.

암호화폐의 세제(稅制)는 규제상의 관점에서 아직까지 완전한 발달을 이루지 못했으며, 회계 소프트웨어 및 온체인 모니터링은 이제 막 주류 소매업 관계자에게 닿기 시작했다. 예를 들면, 2020년 12월 31일 미국 국세청(Internal Revenue Service, IRS)의 국제규격 초안(draft proposal)에서는 에어드롭이나 하드포크를 비롯한 모든 암호화폐의 (무료) 수령, 상품 또는 서비스로의 암호화폐 교환,

암호화폐의 구입 또는 판매, 또 다른 가상화폐(virtual currency)를 포함한 다른 재산으로의 가상화폐 교환, 그리고 암호화폐에 대한 경제적인 이익의 취득 또는 처분에 대해 form 1040 양식으로 보고하도록 요구하고 있다. 하나의 지갑에서 다른 지갑으로 이동하는 가상화폐는 여기에 포함되지 않는다. 이 규정은 또한 일(노동)의 대가로 지불된 암호화폐에는 form W2 양식이 요구됨을 분명히 하고 있다.[30]

은행들의 암호화폐 수탁을 허용하는 등 날마다 새로운 규제 결정이 내려지며[31] 디파이의 규제 지평이 계속해서 활발히 탐색되고 있는 반면, 시장의 전망은 아직까지 처리해야 할 현존하는 많은 문제들로 불투명하다.

어느 한 국가(또는 주)의 규제 환경이 지나치게 가혹할 경우, 혁신은 역외로 (혹은 다른 주로) 이동할 것이다. 그러나 규제가 지나치게 느슨하면, 많은 소비자들이 착취를 당하게 될 것이다. 규제당국은 반드시 적절한 균형을 찾아내야 한다. 그러나 문제는 그것만이 아니다. 이 공간은 기술적으로 어려운 공간으로, 규제당국은 많은 시간을 투자해 최신 정보를 갖출 필요가 있다. 교육 이후에도 그들은 변화의 속도를 고려했을 때, 자신들의 지식의 가치가 빠르게 떨어짐을 알게 된다. 마지막으로, 규제당국은 잠재적 직원들이 많은 다른 선택권을 가지고 있기 때문에 이 분야에서 고용하기 어렵다.

VIII

결론: 패자와 승자

Conclusions: Losers and Winners

탈중앙화된 금융은 탈중앙화(분산), 접근성, 효율성, 상호 운용성, 투명성이라는 수직면들을 따라 전통적 금융에 비해 강력한 이점을 제공한다. 탈중앙화는 일반 사용자에게는 위험할 수 있는 하향식 통제 없이도 공동체가 금융상품을 공동으로 소유할 수 있도록 해 준다. 모든 개인이 이러한 새로운 상품들을 이용하는 것은 부의 격차의 확대를 막는 데 있어 매우 중요하다.

전통적 금융은 궁극적으로 일반 소비자로부터 가치를 제거하는 군살 및 비효율성의 층들을 보여준다. 디파이의 계약된 효율성은 이 모든 가치를 다시 되돌린다. 공유 인프라와 인터페이스의 결과, 디파이는 전통적인 금융의 세계에서 이룰 수 있었던 것 이상의 급진적인 상호 운용성을 가능하게 한다. 마지막으로, 디파이의 공공성은 오늘날의 중앙집중식 시스템의 불투명성과는 대조적으로 신뢰와 보안을 강화한다.

디파이는 (COMP를 통해) Compound와 (UNI를 통해) 유니스왑이 입증하듯, 성장을 장려하기 위해 사용자에게 직접 가치를 분배할 수도 있다. 이자농사(yield farming)는 유동성 공급을 장려하는 플랫폼에 예치함으로써 보상을 구현하는 행위이다. 토큰의 분배와 이자농사는 매우 짧은 기간 동안 거액의 자본을 디파이로 끌어들였다. 플랫폼들은 자신들의 토큰 자본 환경을 설계함으로써 혁신을 보상할 수도 있고, 지속 가능한 프로토콜과 지속적으로 가치를 제공하는 커뮤니티를 육성할 수도 있다.

각각의 디파이 사용 사례는 이러한 이점 중 일부를 다른 이점들보다 더 많이 구현하고 있으며, 주목할 만한 결점과 위험요소를 가지고 있다. 예를 들어, 보다 중앙집중화된 오라클에 크게 의존하는 디파이 플랫폼은 결코 유니스왑처럼 운영을 위한 외부 입력이 전혀 필요 없는 플랫폼만큼 탈중앙화될 수 없다. 뿐만 아니라, 거래소에 일부 오프체인 인프라가 있는 dYdX와 같은 플랫폼은 오프체인의 구성요소가 없는 플랫폼과 같은 수준의 투명성과 상호 운용성을 가질 수 없다.

스케일링 및 스마트 계약의 취약성과 같은 특정 위험요소들은 모든 디파이의 골치를 썩이며, 그러한 위험요소들을 극복하는 것은 디파이의 주류 채택을 이루는 데 매우 중요하다. 만약 디파이의 기저를 이루는 기술이 전체 인구에 서비스를 제공할 만큼 규모를 조정할 수 없다면, 디파이의 이점들은 오로지 가장 부유한 이들에게만 제한될 것이다. 필연적으로, 스케일링 문제에 대한 해결책은 "분할된(sharded)" 블록체인의 상호 운용성 감소와 같은 "순수한" 디파이 접근방식의 이점들 중 일부를 희생하는 대가로 나오게 될 것이다. 인터넷 및 다른 변혁적 기술들과 마찬가지로, 이점과 규모는 시간이 지남에 따라 향상될 것이다. 스마트 계약의 위험은 결코 제거되지는 않겠지만, 경험으로부터 얻은 지혜가 모범 사례들과 향후 업계 동향을 알려줄 것이다.

제대로 된 실사 없이 맹목적으로 통합시키고 겹겹이 쌓아올리는 댑스에 대한 경고로, 체인 내의 가장 약한 연결고리가 집 전체를 무너뜨릴 것이다. 스마트 계약의 위험의 심각성은 혁신하고 신기술과 통합하고자 하는 자연스러운 경향에 정비례해 증가한다. 이러한 연유로 인해, 과거에도 그랬던 것처럼 대중의 높은 관심을 받는 취약점들이 계속해서 사용자의 자금을 위태롭게 할 수밖에 없는 것이다. 무엇보다도 디파이가 이러한 위험들을 극복할 수 없다면, 디파이의 효용은 그 잠재력의 그림자로 머물러 있게 될 것이다.

디파이의 진정한 잠재력은 변혁적이라는 것이다. 디파이가 그 잠재력을 깨닫는다고 가정했을 때, 적응을 거부하는 기업들은 길을 잃고 잊힐지도 모른다. 시간이 지나면서 규제 환경은 명확해지고 위험은 더 잘 이해하게 됨에 따라, 모든 전통적인 금융회사들은 자사의 서비스를 암호화폐 및 디파이와 통합시킬 수 있으며, 통합을 시작해야만 한다. 이러한 채택은 "디파이 프런트엔드(DeFi front end)"로 간주될 수 있으며, 이것은 최종 사용자(end user)에게 한층 더 단순함을 제공하기 위해 세부사항들을 제거한다.

다르마(Dharma)[1]와 같은 스타트업 기업들은 소비자가 디파이에 접근하는 새로운 물결을 이끌고 있다. 이러한 접근방식은 여전히 겹겹의 비효율성으로 인해 어려움을 겪겠지만, 기술을 가장 잘 통합시키고 현지 규제를 지원하는 회사들은 승자로 떠오르고, 나머지는 사라져갈 것이다. 튼튼한 유동성의 해자를 구축하고 최고의 효용을 제공하는 디파이 프로토콜은 주류 채택의 핵심 백엔드로

번창할 것이다.

우리는 빛나는 신도시의 발판을 보고 있다. 이것은 기존 구조의 개조가 아니다. 이것은 바닥부터 완전히 다시 세워 올린 것이다. 모든 사람들이 금융에 접근할 수 있게 된 것이다. 양질의 아이디어는 당신이 누구이든 상관없이 자금을 지원받는다. 10달러짜리 거래도 1억 달러짜리 거래와 똑같이 취급된다. 낭비가 심한 중간층이 제거되면서, 저축률은 높아지고 차입비용은 낮아진다. 궁극적으로 우리는 디파이를 향후 10년의 가장 큰 기회로 보고 있으며, 우리가 알고 있는 금융의 재창조를 기대하고 있다.

감사의 말

Acknowledgment

We appreciate the comments of Dan Robinson, Stani Kulechov, John Mattox, Andreas Park, Chen Feng, Can Gurel, Jeffrey Hoopes, Brian Bernert, Marc Toledo, Marcel Smeets, Ron Nicol, Daniel Liebau Giancarlo Bertocco, Josh Chen, Lawrence Diao, Deepanshu, Louis Gagnon, Herve Tourpe, Vishal Kumar, Jullian Villella, Yash Patil, and Manmit Singh, on an earlier draft. Lucy Pless created the graphics and Kay Jaitly provided editorial assistance.

참고문헌

References

Chetty, Raj, Nathaniel Hendren, Patrick Kline, and Emmanuel Saez. 2014. "Where Is the Land of Opportunity? The Geography of Intergenerational Mobility in the United States." *Quarterly Journal of Economics*, vol. 129, no. 4 (November): 1553-1623.

Corbae, Dean, and Pablo D'Erasmo. 2020. "Rising Bank Concentration," Staff Paper 594, Federal Reserve Bank of Minneapolis (March). Available at https://doi.org/10.21034/sr.594.

Ellis, Steve, Ari Juels, and Sergey Nazarov. 2017. "Chainlink: A Decentralized Oracle Network." Working paper (September 4). Available at https://link.smartcontract.com/whitepaper.

Euromoney. 2001. "Forex Goes into Future Shock." (October). Available at https://faculty.fuqua.duke.edu/~charvey/Media/2001/EuromoneyOct01.pdf.

Haber, Stuart, and Scott Stornetta. 1991. "How to Time-Stamp a Digital Document." *Journal of Cryptology* (January). Available at https://dl.acm.org/doi/10.1007/BF00196791.

Nakamoto, Satoshi. 2008. "Bitcoin: A Peer-to-Peer Electronic Cash System." https://bitcoin.org.

Narayan, Amber, Roy Van der Weide, Alexandru Cojocaru, Christoph Lakner, Silvia Redaelli, Daniel Mahler, Rakesh Ramasubbaiah, and Stefan Thewissen. 2018. *Fair Progress? Economic Mobility across Generations around the World*, Equity and Development Series. Washington, DC: World Bank.

Qureshi, Haseeb. 2020. "What Explains the Rise of AMMs?" *Dragonfly Research* (July 22).

Ramachandran, Ashwin, and Haseeb Qureshi. 2020. "Decentralized Governance: Innovation or Imitation?" Dragonfly Research.com (August 5). Available at https://medium.com/dragonfly-research/decentralized-governance-innovation-or-imitation-ad872f37b1ea.

Robinson, Dan, and Allan Niemerg. 2020. "The Yield Protocol: On-Chain Lending with Interest Rate Discovery." White paper (April). Available at https://research.paradigm.xyz/Yield.pdf.

Shevchenko, Andrey. 2020. "Dforce Hacker Returns Stolen Money as Criticism of the Project Continues." (April 22). Available at https://cointelegraph.com.

Szabo, Nick. 1997. "Formalizing and Securing Relationships on

Public Networks." Satoshi Nakamoto Institute. Available at https://nakamotoinstitute.org/formalizing-securing-relationships/.

Zmudzinski, Adrian. 2020. "Decentralized Lending Protocol bZx Hacked Twice in a Matter of Days." (February 18). Available at https://cointelegraph.com.

용어사전

Glossary

Address 어드레스 또는 주소. 거래가 전송되는 식별 주소. 사용자의 공개 키로부터 만든다. 공개 키는 비대칭 키 암호화 기술(asymmetric key cryptography)을 통해 개인 키로부터 파생된다. 이더리움에서 공개 키는 512비트 또는 128개의 16진수 문자이며 Keccak-256 알고리즘으로 해시화되어 256비트 또는 64개의 16진수 문자로 변환된다. 16진수 공개 키 해시의 마지막 40자리 문자가 어드레스이며, 보통 주소의 맨 앞에 "0x"를 붙여 이더리움 주소임을 표시한다.

Airdrop 에어드롭. 블록체인 지갑에 토큰을 무료로 배포하는 것. 예컨대 유니스왑 거버넌스는 플랫폼을 이용했던 모든 이더리움 어드레스에 400개의 토큰을 에어드롭한 바 있다.

Anti-money laundering(AML) 자금세탁방지. 돈의 출처를 불법적으로 은폐하는 것과 관련된 의심스러운 행위를 탐지하고 보고하도록 고안된 공통의 준수 규정.

Asymmetric key cryptography 비대칭 키 암호화 기술. 안전한 통신을 위한 기술 방법. 암호화폐에는 두 가지 키, 즉 모두가 볼 수 있는 공개 키와 소유자만을 위한 비밀스런 개인 키가 있다. 개인 키를 이용하여 공개 키를 수학적으로 도출한다. 현재의 기술 수준으로는 공개 키로부터 개인 키를 (역으로) 도출하는 것은 불가능하기 때문에 비대칭이라고 표현한다. 사용자는 개인 키를 사용하여 공개된 어드레스로 지불 결제를 받기도 하고 지출도 한다.

Atomic 아토믹. 계약조건이 충족되지 않을 경우, 토큰이 출발점을 떠난 적이 없는 것처럼 계약조건을 되돌리는 조항. 스마트 계약의 중요한 특징이다.

Automated market maker(AMM) 자동시장조성자. 거래 쌍방에 모두 자산을 보유하며, 지속적으로 매수 및 매도 가격을 제시하는 스마트 계약. 이 계약은 실제로 이루어진 구매와 판매를 기반으로 매수가격과 매도가격 뒤에 숨겨진 자산규모를 업데이트하고, 이 비율을 이용해 가격 책정 기능을 정의한다.

Barter 물물교환. 양쪽이 정확하게 매칭되어 P2P로 교환하는 메커니즘. 예를 들면 A는 돼지 두 마리를 갖고 있고 소 한 마리가 필요하며, B는 소 한 마리를 갖고 있고 돼지 두 마리가 필요한 경우이다. 물물교환이 교환의 첫 번째 방법이었는지에 대해서는 논쟁이 있다. 예컨대 데이비드 그래버(David Graeber)는 최초의 교역 형태는 직불-신용(debit-credit)의 형태라고 주장한다. 한 마을에 사는 사람들은 사회적 합의에 따라 서로에게 “선물(gifts)”을 주고 추후 조금 더 가치 있는(이자를 더한 것과 같이) 다른 선물로 돌려받았다. 사람들은 마음속으로 선물의 교환 이력을 기억하는 것을 자연스럽고 편리하다고 생각했는데, 이는 한 마을에서 이러한 나눔이 얼마 되지 않았기 때문이다. 화폐제도는 한참 후에 이민과 전쟁의 증가로 도입되었으며, 전쟁세는 화폐제도의 대표적인 최초 사용 사례 중 하나이다.

Blockchain 블록체인. 1991년 하버(Stuart Haber)와 스토네타(Scott Stornetta)가 창안한 분산 원장(元帳)으로, 블록체인 내의 모든 노드(node)가 복사본을 가지고 있다. 컨센서스 프로토콜(consensus protocol)을 통해 추가가 가능하나, 그 이력은 변경이 불가능하다. 또한 누구나 볼 수 있다.

Bonding curve 본딩커브. 사용자로 하여금 확립된 수학적 모델을 사용해 토큰을 사거나 팔 수 있게 해주는 스마트 계약. 예를 들어, 토큰과 공급이 같은 단순한 선형함수를 생각해 보자. 이러한 경우, 첫 번째 토큰은 1 ETH, 두 번째 토큰은 2 ETH의 비용이 들 것이며, 그렇게 함으로써 초기 참가자들에게 보상이 주어지게 된다. 매수와 매도가 서로 다른 본딩커브를 갖는 것도 가능하다. 일반적인 함수 형식은 로지스틱 곡선이다.

Bricked funds 무용지물된 자금. 계약상의 버그로 인하여 스마트 계약에 갇혀버린 펀드.

Burn 소각. 유통 중인 토큰을 제거함으로써 토큰의 공급을 줄이는 것. 소유자가 없는 이더리움(Ethereum) 주소나 지출이 불가능한 계약으로 토큰을 전송함으로써 이루어진다. 예를 들어, 다수의 스마트 계약에서 중요한 부분은 누군가 풀에서 떠나 기초자산을 현금으로 바꿀 때 발생한다.

Collateralized currency 담보 통화. 금, 은, 또는 기타 자산과 같은 담보가 뒷받침하는 지폐.

Collateralized debt obligation(CDO) 부채담보부 증권. 전통적인 금융에서는 모기지와 같은 채무상품을, 디파이에서는 예를 들면 암호자산을 과도하게 담보로 한 스테이블코인(stablecoin)을 의미한다.

Consensus protocol 컨센서스 프로토콜. 당사자들이 기존 블록체인에 새로운 블록을 추가하기로 합의하는 메커니즘. 이더리움과 비트코인은 모두 작업증명(proof of work)을 사용하지만, 지분증명(proof of stake)과 같은 다른 메커니즘들도 다수 존재한다.

Contract account 계약계정. 스마트 계약에 의해 통제되는 이더리움(Ethereum) 계정의 한 유형.

Credit delegation 신용 위임. 담보를 사용하여 원하는 자산을 빌릴 수 있는 잠재적 차용인에게 사용자가 담보를 배치할 수 있는 기능.

Cryptocurrency 암호화폐. 암호화로 보호되고 블록체인 기술을 이용해 이동하는 디지털 화폐. 대표적인 예로 비트코인(Bitcoin)과 이더리움(Ethereum)이 있다. 스테이블코인(stablecoin) 및 디지털 자산과 비(非)디지털 자산을 대표하는 토큰들과 같은 서로 다른 유형의 암호화폐들이 다수 존재한다.

Cryptographic hash 암호해시. 입력 데이터를 고유한 방식으로 나타내는 역함수를 얻기 어려운 일방 함수(one-way function). 고유한 디지털 지문이라고 생각할 수 있다. 입력은 제멋대로 클 수 있지만, 출력은 그 크기가 고정되어 있다. 원본 메시지의 복구를 허용하지 않기 때문에 암호화는 아니다. 일반적인 해싱 알고리즘인 SHA-256은 256비트 또는 64개의 16진수로 돌려준다. 비트코인 블록체인(Bitcoin blockchain)은 SHA-256을 사용하며, 이더리움(Ethereum)은 Keccak-256을 사용한다. 해시(hash) 또는 메시지 다이제스트(message digest)라고도 알려져 있다.

dApp 디앱(복수형은 dApps(댑스)). 사용자 간의 직거래를 가능하게 해주는 (즉, 중앙 정산을 제거한) 탈중앙 애플리케이션. 허가를 받지 않으며 검열에 반대해, 누구나 이용할 수 있으며 그 어떤 중앙기관의 통제도 받지 않는다.

Decentralized autonomous organization(DAO) 탈중앙 자율조직. 누가 어떤 행동 혹은 업그레이드를 실행할 수 있는지 규정하는 스마트 계약으로 암호화된 일련의 규칙을 지닌 알고리즘 조직.

Decentralized exchange(DEX) 탈중앙거래소. 비수탁 방식으로 토큰 스왑을 용이하게 하는 플랫폼. DEX 유동성의 두 가지 메커니즘은 오더북 매칭(order book matching)과 자동시장조성자(automated market maker)이다.

Decentralized finance(DeFi) 디파이. 은행 등의 중앙기관에 의존하지 않는 금융 인프라. 블록체인 기술과 스마트 계약을 이용하는 P2P 기반에서 교환, 대출, 차용, 거래가 이루어진다.

Defi legos 디파이 레고. 새로운 프로토콜을 만들어내기 위해 프로토콜을 결합하는 것이 가능하다는 아이디어. 때때로 디파이 머니 레고(DeFi money legos) 또는 결합성(composability)이라고도 한다.

Digest 다이제스트. 메시지 다이제스트(message digest)라고도 알려져 있다. 암호해시(cryptographic hash) 참조.

Direct incentive 직접 인센티브. 긍정적인 행동에 대한 보상으로 의도된 특정한 사용자의 행위와 연관된 지급액 또는 수수료. 예를 들어, 부채담보부 증권(collateralized debt obligation)이 너무 적은 금액에 담보로 잡혀 있다고 가정해 보자. 그 조건은 자동으로 현금화를 촉발시키는 것이 아니다. 오히려 반드시 외부소유계정(externally owned account)이 그것을 촉발시켜야 하며, 그 다음에 보상(직접 인센티브)이 주어진다.

Double spend 이중 지출. 1980년대와 1990년대 디지털 화폐 계획을 괴롭혔던 문제이다. 디지털 자산의 완벽한 복사본을 만드는 것이 가능해서, 여러 번 사용하는 것이 가능했던 것이다. 2008년 사토시 나카모토(Satoshi Nakamoto)의 백서에서 블록체인 기술과 작업증명(proof of work)을 결합해 이 문제를 해결했다.

Equity token 에쿼티 토큰. 암호화폐의 한 유형으로, 기초자산 또는 자산 풀의 소유권을 나타낸다.

ERC-20. 이더리움에서 동일한 효용과 기능을 갖는 대체 가능한 토큰을 위한 표준사양. 미국 달러는 상호 호환되는 통화로 모든

20달러 지폐는 동일한 가치를 지니며 20개의 1달러 지폐와도 같은 가치를 갖는다.

ERC-721. 이더리움에서 수집품 또는 대출과 같은 특수한 자산 등의 고유한 대체 불가능한 토큰을 위한 표준사양.

ERC-1155. 이더리움에서 대체 가능한 토큰과 대체 불가능한 토큰 모두에 대해 계약이 토큰 잔고를 보유할 수 있는 멀티 토큰 모형을 위한 표준사양.

Ethereum(ETH) 이더리움. 2015년 가동되기 시작한 두 번째로 큰 규모의 암호화폐 또는 블록체인. 이더리움의 자체 암호화폐를 이더(ether, ETH)라고 한다. 이더리움의 블록체인은 스마트 계약이라고 알려진 컴퓨터 프로그램을 실행시키는 능력을 보유하고 있다. 이더리움은 분산 컴퓨터 플랫폼으로 여겨지며, 때때로 이더리움 가상머신(Ethereum Virtual Machine)으로도 불린다.

Ethereum 2.0 이더리움 2.0. 이더리움 블록체인(Ethereum blockchain)에 제안된 개선안으로 수평 스케일링(horizontal scaling), 지분증명 컨센서스(proof-of-stake consensus) 및 기타 향상된 방식들을 사용한다.

Externally owned account(EOA) 외부소유계정. 특정 사용자가 제어하는 이더리움(Ethereum) 계정.

Fiat currency 명목화폐. 담보화되지 않은 지폐로, 본질적으로 정부에 의해 발행되는 IOU(차용증)이다.

Fintech 핀테크. 금융 테크놀로지(financial technology)의 준말로,

금융분야에서의 기술적 진보를 가리키는 일반 용어이다. 넓게는 지불, 거래, 차용, 대출 영역에서의 기술을 포함하며, 종종 빅데이터와 머신러닝 애플리케이션을 포함하기도 한다.

Flash loan 플래시 론. 신용 위험 0, 듀레이션 0인 무담보 대출. 차익거래를 용이하게 하거나 담보의 저당 없이 리파이낸싱하기 위해 쓰인다. 단일 거래에서 (a) 대출이 생성되면, (b) 이를 이용한 모든 매수와 매도가 완료되고, (c) 대출이 전액 상환되기 때문에, 신용 위험이 없다.

Flash swap 플래시 스왑. 몇몇 디파이 프로토콜의 특징으로, 사용자가 자산을 건네기 전에 계약이 토큰을 먼저 보내는 것을 말하며, 찰나의 순간에 차익거래를 가능하게 한다. 플래시 론은 동일한 자산으로만 지불해야 하지만 플래시 스왑은 이와 달리 다른 자산으로 지불하는 것을 허용한다. 이러한 모든 거래는 단일 이더리움 거래 내에서 일어난다.

Fork 포크. 오픈소스 코드와 관련하여 프로토콜 이력에 연계된 기존 프로토콜을 업그레이드하거나 개선하는 것으로, 사용자는 이전 프로토콜과 새로운 프로토콜 중 하나를 선택할 수 있다. 새로운 프로토콜이 더 낫다면 충분한 채굴력을 확보하여 우위를 점할 수 있다. 포크는 디파이 내에서 효율성을 보장하는 주요 메커니즘이다.

Gas 가스. 거래를 실행하거나 스마트 계약을 실행하기 위해 필요한 수수료. 이더리움(Ethereum)으로 하여금 정지 문제(halting problem)를 처리하게 해주는 메커니즘.

Geoblock 지오블록. 해당 애플리케이션을 사용하지 못하게 하는 규제에 묶인 특정 국가의 사용자를 차단하는 기술.

Governance token 거버넌스 토큰. 프로토콜의 변화에 대해 의결권을 행사할 수 있는 소유자의 권리. MakerDAO의 MKR 토큰과 Compound의 COMP 토큰이 대표적인 예.

Halting problem 정지 문제. 무한 루프에 걸린 컴퓨터 프로그램. 이더리움은 일정량의 연산에 대해 수수료를 받는 것으로 이 문제를 해결한다. 가스가 모두 소진되면 프로그램을 멈춘다.

Hash 해시. 암호해시(cryptographic hash) 참조.

Hexadecimal 16진법. 0부터 9까지 10개의 숫자와 a부터 f까지 6개의 알파벳을 더한 16개의 문자를 기수로 하는 계수시스템. 각각의 16진수 글자는 4비트에 해당, 0은 0000 그리고 16번째인 f는 1111에 대응된다.

Horizontal scaling 수평 스케일링. 시스템의 작업을 여러 조각으로 나누는 접근법으로, 분산화는 유지하되 병렬화를 통해 시스템 처리량을 높인다. 샤딩(sharding)이라고도 한다. 이더리움 2.0은 이 접근법을 지분증명(proof-of-stake) 컨센서스 알고리즘과 결합해 이용한다.

Impermanent loss 비영구적 손실. 계약으로 거래 상대방의 양쪽에 자산을 보유하는 자동시장조성자(AMM)에 적용된다. AMM에서 두 자산 간의 교환비율이 고정되어 있고 두 자산의 시장가치가 동시에 증가하는 경우를 가정하자. 이때 첫 번째 자산의 가치가 두 번째 자산의 가치보다 더 많이 상승한다면 사용자는 첫 번째 자산을 빼낼 것이고 계약에는 두 번째 자산만 남게 된다. 비영구적 손실은 교환이 일어나지 않은 경우의 계약의 가치(두 토큰 가치의 합)에서 가치가 더 상승한 자산이 계약에서 빠져나간 후 남은 계약의 가치(두 번째 토큰의 가치)를 뺀 것이다.

Incentive 인센티브. 광의의 개념으로 생산활동에 대한 보상. 그 예로 직접 인센티브(direct incentives)와 스테이크드 인센티브(staked incentives)가 있다.

Initial DeFi Offering(IDO) 디파이 공개. 새로운 토큰의 환율을 결정하는 방법. 이를 통해 사용자는 새로운 토큰과 (USDC와 같은) 스테이블코인 페어에 첫 번째 유동성 공급자가 될 수 있다. 본질적으로 사용자가 새로운 토큰의 가격에 인위적인 기준점을 설정하는 것이다.

Invariant 불변량. 곱셈 불변 공식의 결과 값. 예컨대 A의 공급량이 S_A, B의 공급량이 S_B일 때 불변량 invariant$=S_A \times S_B$이다. A와 B의 환율이 1A : 1B이고, A의 공급량 $S_A=4$, B의 공급량 $S_B=4$라고 하면 불변량 invariant$=16$이다. 투자자가 A를 B로 교환하고 싶어서 4개의 A를 예치한다면, 계약은 총 8개의 A($S_A=4+4=8$)를 보유하게 된다. 이때 투자자는 불변 공식에 따라 2개의 B만 인출할 수 있다. 계약 내 B의 공급량은 2($S_B=4-2=2$)가 되고 불변량 invariant$=8\times 2=16$으로 여전히 변하지 않는다. 그러나 환율은 2A : 1B로 변하게 된다.

Keeper 키퍼. 디앱(dApp)의 디파이 프로토콜에서 특정 작업을 수행하게 하는 인센티브인 외부소유계정(EOA)의 한 종류이다. 키퍼는 정액 수수료 또는 인센티브가 부여된 작업에 비례해서 보상을 받는다. 예를 들어, 키퍼는 담보부 부채의 담보가 부족해지면 이를 청산하는 대가로 수수료를 받는다.

Know Your Customer(KYC) 고객확인절차. 미국의 금융서비스에서 일반적으로 적용되는 법규정으로 사용자가 자신의 신분을 증명해야 한다는 조항이다. 이 규정으로 인해 미국 고객은 자신의 실제 위치에 따라 특정 탈중앙거래소의 기능을 사용할 수 없다.

Layer 2 레이어 2. 블록체인에 구축된 확장 솔루션으로, 원하는 수준의 보안을 유지하기 위해 암호화 기술과 경제적인 보장을 사용한다. 예를 들어, 작은 거래들은 복수의 키를 사용하는 지불 채널을 사용하여 이루어질 수 있다. 블록체인은 이 채널에 자금이 더해지거나 인출될 때만 사용된다.

Liquidity provider(LP) 유동성 공급자. 풀이나 스마트 계약에 자산을 예치함으로써 수익을 얻는 사용자.

Mainnet 메인넷. 비트코인(Bitcoin) 블록체인이나 이더리움(Ethereum) 블록체인처럼 토큰 뒤에서 완전히 가동되는 프로덕션 블록체인(blockchain). 종종 테스트넷(testnet) 대조용으로 사용된다.

Miner 채굴자. 채굴자는 넌스(nonce)를 바꾸며 작업증명 블록체인의 암호해시를 찾는다. 새로운 블록에서 거래를 모아 유효성을 검증하고 넌스를 더해 암호해시 함수를 실행한다. 넌스를 변경하며 해시함수는 계속 실행된다. 만약 채굴자들이 특정 숫자보다 작은 해시 값을 찾는 데 "성공"하면, 새로 주조된 암호화폐를 얻는 직접 보상을 받는다. 또한 채굴자는 그들의 블록에서 이루어지는 거래들에 대한 수수료를 받음으로써 간접적인 보상을 받는다.

Miner Extractable Value(MEV) 채굴자 추출 가능가치. 채굴자에 의해 발생하는 수익. 예를 들어 채굴자는 암호화폐의 가격을 상승시킬 수 있을 것이라고 보는 보류 중인 거래를 (대량 매입과 같이) 프런트 러닝할 수 있다. 이를 최대 추출 가능한 가치(maximum extractable value)라고도 한다.

Mint 주조. 토큰의 공급을 늘리는 행위이자 소각(burn)의 반의어이다. 보통 사용자가 풀에 입장해 소유 지분을 획득할 때 발생한다. 주조와 소각은 비(非)담보 스테이블코인(stablecoin) 모델에서 필수적인 부분들이다(다시 말해서, 스테이블코인이 너무 비싸지면 더 많은 스테이블코인이 주조되어, 공급은 증가하고 가격은 낮아진다). 주조는 또한 사용자 행동을 보상하는 수단이기도 하다.

Networked liquidity 네트워크 유동성. 모든 거래소 애플리케이션이 동일한 블록체인에 있는 다른 거래소의 유동성과 환율을 공유하여 사용할 수 있다는 아이디어.

Node 노드. 네트워크상의 컴퓨터를 가리키며, 블록체인의 전체 복제본을 가지고 있다.

Nonce 넌스. 채굴자가 암호해시 값을 찾기 위해 바꿔가며 쓰는 임의의 수. "number only once"에서 유래했다.

Optimistic rollup 옵티미스틱 롤업. 오프체인의 거래를 단일 다이제스트에 통합하고 주기적으로 체인에 제출하는 확장 솔루션.

Oracle 오라클. 블록체인(blockchain) 외부에서 정보를 수집하는 방법. 당사자들이 반드시 정보의 출처에 동의해야 한다.

Order book matching 오더북 매칭 또는 주문매칭. 모든 거래 당사자가 스왑환율에 동의해야 하는 프로세스이다. 시장조성자는 탈중앙거래소(DEX)에 주문을 넣고 시장수용자가 사전에 합의된 가격으로 주문을 체결한다. 주문이 체결될 때까지 시장조성자는 주문을 취소하거나 환율을 업데이트할 권리가 있다.

Perpetual futures contract 무기한 선물 계약. 전통적인 선물 계약과 유사하지만, 만기일이 없다.

Proof of stake(PoS) 지분증명. 다음 블록에 자산을 예치하여 작업증명(PoW)에서 블록을 채굴하는 것을 대체하는 대안적인 합의 메커니즘이자 이더리움 2.0의 주요 특징. PoW에서 채굴자는 블록을 얻기 위해 전기와 장비를 사용해야 한다. 지분증명에서는 블록이 유효한지 증명하기 위해 검증자(validator)는 일정 자본을 예치한다. 검증자 자신의 암호화폐를 예치하여 자신이 이 메커니즘에서 기능할 수 있도록 하고, 블록을 제안하도록 무작위로 선택된다. 제안된 블록은 다수의 다른 검증자에 의해 증명되어야 한다. 검증자는 블록을 제안하고 다른 사람이 제안한 블록을 검증하여 이익을 얻는다. 검증자가 악의적으로 행동하는 경우에 대비하여 그들의 지분이 슬래시되는 페널티 메커니즘이 있다.

Proof of work(PoW) 작업증명. 2002년에 Back이 최초로 주창한

것으로, 두 가지 주요 블록체인(비트코인과 이더리움)에 대한 합의 메커니즘. 채굴자는 찾기는 어렵지만 검증하기는 쉬운 희귀 암호 해시를 찾기 위해 경쟁한다. 채굴자는 암호해시를 찾아서 블록체인에 블록을 추가하는 데 사용함으로써 보상을 받는다. 해시를 찾는 컴퓨팅의 어려움으로 인해 주요 블록체인의 이력을 처음부터 다시 쓰려는 시도는 비현실적이게 된다.

Router contracts 라우터 계약. 탈중앙거래소, 예컨대 유니스왑에서와 같이 직접적인 거래 쌍이 존재하지 않을 경우 최저의 슬리피지를 갖는 가장 효율적인 경로를 결정하는 계약.

Scaling risk 스케일링 위험. 현존하는 대부분의 블록체인이 갖는 한계점으로, 1초에 대량의 거래를 처리하기 어려운 것을 뜻한다. Vertical scaling과 horizontal scaling 참조.

Schelling-point oracle 셸링포인트 오라클. 일종의 오라클로서 이벤트 결과에 투표하거나 자산의 가격을 보고하기 위해서 토큰을 고정 공급하는 소유자에게 의존한다.

Sharding 샤딩. 블록체인(blockchain)의 맥락에서 데이터베이스를 수평으로 분할하는 프로세스. 수평 스케일링(horizontal scaling)이라고도 한다. 시스템의 작업을 여러 조각으로 나누어, 분산화는 유지하되 병렬화를 통해 시스템 처리량을 높인다. 이더리움 2.0 (Ethereum 2.0)은 네트워크의 정체를 줄이고 초당 거래 수를 늘리는 것을 목표로 이 접근법을 이용하고 있다.

Slashing 슬래싱. 지분증명 블록체인(proof of stake blockchain)

프로토콜의 메커니즘으로, 사용자의 부정행위를 방지하기 위한 것이다.

Slashing condition 슬래싱 컨디션. 슬래싱(slashing)을 일으키는 메커니즘. 슬래싱 컨디션의 예는 담보가 부족한 자산에 대한 청산이 개시되는 경우이다.

Smart contract 스마트 계약. 이더 또는 가스를 받음으로써 활성화되는 계약. 이더리움 블록체인의 분산 특성을 감안할 때 프로그램은 모든 노드에서 실행된다. 디파이 애플리케이션을 위한 주요 블록체인인 이더리움 블록체인의 특징이다.

Specie 정화(正貨). (녹여서 금속으로 팔리는 경우) 고유의 가치를 지니는 금이나 은(혹은 니켈과 구리) 같은 금속 화폐.

Stablecoin 스테이블코인. 미국 달러 등의 자산 가치에 고정되어 있는 토큰. 스테이블코인은 실물 자산(예 : USDC의 미국 달러) 또는 디지털 자산(예 : DAI)으로 담보화되거나, 무담보화(예 : AMPL과 ESD)될 수도 있다.

Staked incentive 스테이크드 인센티브. 토큰 잔고는 스마트 계약에 예치되어 사용자의 행동에 영향을 미치게 된다. 스테이킹 보상은 사용자에게 예치된 자금의 크기에 따라 보상을 지급함으로써 긍정적인 행동을 장려하기 위해 고안되었다. 스테이킹 페널티(슬래싱)는 지분 크기에 따라 사용자의 토큰 잔고의 일부를 제거함으로써 부정적인 행동을 저해하기 위해 고안되었다.

Staking 스테이킹. 사용자가 예상되는 행동에서 벗어날 경우 페널티(슬래시드 펀드)로 스마트 계약에 예치된 자금.

Swap 스왑. 하나의 토큰을 다른 토큰으로 교환하는 것. 디파이에서 스왑은 아토믹이며 비수탁 방식이다. 펀드는 스왑이 실행되기 전에 언제든지 인출할 수 있는 권리와 함께 스마트 계약에 보관할 수 있다. 만약 스왑이 실행되지 않는다면, 모든 당사자는 보관된 펀드를 돌려받는다.

Symmetric key cryptography 대칭 키 암호화 기술. 공통 키를 사용해 메시지를 암호화하고 해독하는 암호화의 한 유형.

Testnet 테스트넷. 메인넷(mainnet)과 똑같은 기능을 하는 블록체인(blockchain)으로, 소프트웨어 테스트가 그 목적이다. 예를 들어, 이더리움(Ethereum)을 테스트할 때 테스트넷과 관련된 토큰을 테스트 ETH라고 하는데, 이는 테스트 ETH를 주조하는 스마트 계약으로부터 무료로 얻는다(수도꼭지라고 알려져 있다).

Transparency 투명성. 누구라도 스마트 계약에 보내진 모든 거래와 코드를 볼 수 있는 것을 말한다. 주로 사용되는 블록체인 검색기는 etherscan.io이다.

Utility token 유틸리티 토큰. 스마트 계약 시스템의 일부를 사용하기 위해 필요하거나 각각의 스마트 계약 시스템에 의해 정의된 고유한 가치를 지니는 대체 가능한 토큰.

Vampirism 뱀파이어리즘. 사용자들에게 직접 인센티브(direct incentives)를 제공함으로써 기존 플랫폼으로부터 유동성을 제거하기 위해 디자인된 디파이 플랫폼의 정확한 복사본 또는 그에 준할 정도로 정밀한 복사본.

Vault 금고. 담보를 예치(escrow)하고 그 담보의 가치를 계속해서 파악하는 스마트 계약.

Vertical scaling 수직 스케일링. 모든 거래의 처리를 단일 대형 머신으로 중앙집중화시키는 것으로, 이더리움(Ethereum)과 같은 작업증명 블록체인(proof-of-work blockchain)과 관련된 통신 간접비(거래-블록 지연 시간)를 감소시키지만, 결과적으로 머신 한 대가 시스템의 처리 대부분을 담당하는 중앙집중식 아키텍처가 된다.

Yield farming 이자농사. 자금을 예치하거나 프로토콜을 사용하는 사용자에게 계약에 의해 조성된 자금으로 보상을 지급하기 위한 수단.

주석

Notes

■ CHAPTER Ⅰ

1. See Alan White, "David Graeber's Debt: The First 5000 Years," *Credit Slips*, June 18, 2020, https://www.creditslips.org/creditslips/2020/06/david-graebers-debt-the-first-5000-years.html.
2. Dean Corbae and Pablo D'Erasmo, "Rising Bank Concentration," Staff Paper #594, Federal Reserve Bank of Minneapolis, March 2020, https://doi.org/10.21034/sr.594.
3. *Plaid*, http://plaid.com.
4. R. Chetty, N. Hendren, P. Kline, and E. Saez, "Where Is the Land of Opportunity? The Geography of Intergenerational Mobility in the United States," *Quarterly Journal of Economics*, 129, no. 4 (2014): 1553–1623; Amber Narayan et al., *Fair Progress?: Economic Mobility Across Generations Around the World, Equity and Development*, Washington, DC: World Bank, 2018.

■ CHAPTER Ⅱ

1. Alan White, "David Graeber's Debt: The First 5000 Years," *Credit Slips: A Discussion on Credit, Finance, and Bankruptcy*, June 18, 2020, https://www.creditslips.org/creditslips/2020/06/david-graebers-debt-the-first-5000-years.html.
2. Ibid. See also *Euromoney*. 2001. "Forex Goes into Future Shock." (October), https://faculty.fuqua.duke.edu/~charvey/Media/2001/EuromoneyOct01.pdf.
3. 1998년 Confinity란 이름으로 설립되었던 페이팔(PayPal)은 2000년 X.com과 합병한 후에 지불 결제 서비스를 시작하였다.
4. 다른 사례로는 Cash App, Braintree, Venmo, Robinhood 등이 있다.
5. C. R. Harvey, "The History of Digital Money," 2020, https://faculty.fuqua.duke.edu/~charvey/Teaching/697_2020/Public_Presentations_697/History_of_Digital_Money_2020_697.pdf.
6. Satoshi Nakamoto, "Bitcoin: A Peer-to-Peer Electronic Cash System," 2008, https://bitcoin.org/bitcoin.pdf.
7. Stuart Haber and W. Scott Stornetta, "How to Time-Stamp a Digital Document," *Journal of Cryptology*, 3, no. 2 (1991), https://dl.acm.org/doi/10.1007/BF00196791.
8. Adam Back, "Hashcash - A Denial of Service Counter-Measure," August 1, 2002, http://www.hashcash.org/papers/hashcash.pdf.
9. Paul Jones and Lorenzo Giorgianni, "Market Outlook: Macro Perspective," *Jameson Lopp*, n.d., https://www.lopp.net/pdf/BVI-Macro-Outlook.pdf.
10. 금(gold)은 단기나 중기에 걸친 인플레이션에 대한 신뢰할 수 없는 헤지 수단이다. C. Erb and C. R. Harvey, "The Golden

Dilemma," *Financial Analysts Journal*, 69, no. 4 (2013): 10-42.

11. 금과 마찬가지로 비트코인도 단기간에 걸친 인플레이션에 대한 헤지 수단으로는 너무 변동성이 크다. 이론적으로 비트코인은 특정 국가의 통화 공급이나 경제와 디커플링되어 있지만, 비트코인의 짧은 역사 동안 우리는 높은 인플레이션을 경험하지 못했다. 따라서 비트코인의 인플레이션에 대한 헤지 수단으로서의 효용성에 대한 증거는 없다.

■ CHAPTER Ⅲ

1. From a panel discussion at the Computer History Museum, see newsbtc, "Google Chairman Eric Schmidt: Bitcoin Architecture an Amazing Advancement," *newsbtc*, 2014, https://www.newsbtc.com/news/google-chairman-eric-schmidt-bitcoin-architecture-amazing-advancement/.
2. 모든 달러 지폐가 동등한 가치를 갖고 있으며 10달러 지폐가 2장의 5달러 지폐와 동등한 가치를 갖는 것처럼 대체가능토큰들은 동등한 가치를 갖는다. 반면에, 대체불가토큰들은 그것들과 연관되어 있는 것의 가치를 반영한다. (예를 들면, 어떤 대체불가토큰은 그림과 같은 예술 작품과 연관될 수 있다) 그러므로 대체불가토큰은 필연적으로 동등한 가치를 가지지 않는다.
3. Steve Ellis, Ari Juels, and Sergey Nazarov, "ChainLink: A Decentralized Oracle Network," September 4, 2017, https://research.chain.link/whitepaper-v1.pdf?_ga=2.202512913.1239424617.1619728722-1563851301.1619728722.
4. Lorenz Breidenbach et al., "Chainlink 2.0: Next Steps in the Evolution of Decentralized Oracle Networks," April 15, 2021,

https://research.chain.link/whitepaper-v2.pdf.

5. Tether, *Tether Operations*, 2021, https://tether.to.
6. 테더(Tether)는 Moore Cayman이 2021년 2월 28일 기준의 자산 가치에 대해 준비한 "attestation(자산 가치에 대한 제3자의 증명)"을 2021년 3월 30일 발표하였다. 이는 자산 가치에 대한 일회성의 분석이지만, 정기적인 감사는 아니다.
7. "USDC: The World's Leading Digital Dollar Stablecoin," *Circle Internet Financial Limited*, 2021, https://www.circle.com/en/usdc.
8. 물론 중앙집중식 규제 관점에서는 블랙리스팅(요주의 계좌 명부 작성)은 바람직한 기능일 수 있으며, 위험은 아니다.
9. *MakerDAO*, https://makerdao.com.
10. *Synthetix*, https://www.synthetix.io/.
11. Nader Al-Naji, "Dear Basis Community," *Basis*, December 13, 2018, https://www.basis.io/.
12. *Ampleforth*, https://www.ampleforth.org/.
13. *Empty set dollar*, https://www.emptyset.finance/.
14. See, e.g., *Financial Stability Board*, "Regulation, Supervision and Oversight of "Global Stablecoin" Arrangements," October 13, 2020, https://www.fsb.org/wp-content/uploads/P131020-3.pdf.

■ CHAPTER Ⅳ

1. 기술적으로는 외부소유계정(EOA)에 전송되는 거래는 데이터도 전송할 수 있으나, 이러한 데이터는 이더리움과 연계된 기능을 수행할 수 없다.

2. Fabian Vogelsteller and Vitalik Buterin, "EIP-20: ERC-20 Token Standard," *Ethereum Improvement Proposals*, no. 20, November 2015 [Online serial], https://eips.ethereum.org/EIPS/eip-20.
3. William Entriken et al., "EIP-721: ERC-721 Non-Fungible Token Standard," *Ethereum Improvement Proposals*, no. 721, January 2018 [Online serial], https://eips.ethereum.org/EIPS/eip-721.
4. Witek Radomski et al., "EIP-1155: ERC-1155 Multi Token Standard," *Ethereum Improvement Proposals*, no. 1155, June 2018 [Online serial], https://eips.ethereum.org/EIPS/eip-1155.
5. 체크섬이란 입력한 주소의 오타나 오류를 감지하여 잘못된 주소 입력으로 인해 코인이 증발하는 것을 방지하기 위한 검사장치이다. 암호화폐 입출금 주소는 무작위로 생성되는 것이 아니라 일정한 규칙에 의해 만들어진다. 체크섬은 이러한 규칙을 활용해 자료의 무결성을 보호하는 시스템이다. See Vitalik Buterin and Alex Van de Sande, "EIP-55: Mixed-case checksum address encoding," *Ethereum Improvement Proposals*, no. 55, January 2016 [Online serial], https://eips.ethereum.org/EIPS/eip-55.
6. 레지스트리 계약 및 인터페이스를 통해 블록체인에서 스마트 계약을 통해 상호작용하는 다른 계약이 의도된 인터페이스를 구현하는지 확인할 수 있다. See Christian Reitwießner et al., "EIP-165: ERC-165 Standard Interface Detection," *Ethereum Improvement Proposals*, no. 165, January 2018 [Online serial], https://eips.ethereum.org/EIPS/eip-165.

■ CHAPTER VI

1. 활용 가능한 디파이 리소스는 많다. 예를 들어, https://defipulse.

com/defi-list와 https://github.com/ong/awesome-decentralized-finance를 참조해 보자. 이 책이 모든 애플리케이션을 다루지는 않는다. 예컨대, 보험은 전통적 보험 시장의 재창조를 제안하는 디파이에서 성장하고 있는 분야이다.

2. Stellar, *Stellar Development Foundation*, 2021, https://www.stellar.org/; EOS, Block.one, 2021, https://eos.io/.
3. *Polkadot*, Web3 Foundation, 2021, https://polkadot.network/.
4. *MakerDAO*, https://makerdao.com.
5. ETH를 계약 안에 예치하고 DAI를 받을 수 있다. 투자자는 DAI를 써서 더 많은 ETH를 살 수 있으며, 그 과정을 반복할 수도 있다. 이를 통해 투자자는 레버리지 ETH 포지션을 만들 수 있다.
6. 판매 가능한 ETH의 양은 담보화에 달려 있다. 모든 불필요한 담보는 금고 소유자가 인출할 수 있도록 계약 내에 남아 있다.
7. Compound에 관한 정족수 원칙은 최소 400,000개의 COMP(최종 공급의 약 4%)를 보유한 사용자의 과반수이다.
8. "Distribute COMP to Users," *Compound Labs, Inc.*, June 15, 2020, https://compound.finance/governance/proposals/7.
9. *PoolTogether*, https://pooltogether.com/.
10. 대부분의 복권에서는 판매의 30~50%가 관리비용 및 관용 또는 자선의 용도로 사용된다. 따라서 복권에 1달러를 투자하는 것에 대한 기대가치는 50~70센트이다. 무손실 복권에서는 매출액이 모두 지급되며, 기대가치는 1달러이다.
11. *Aave*, 2021, https://aave.com/.
12. *Uniswap*, https://app.uniswap.org/#/swap.
13. 유동성 공급자는 시장의 양쪽 모두에 추가함으로써 전체 시장 유동성을 증가시킨다. 만약 사용자가 하나의 자산을 또 다른 자산과 교환할 경우, 불변량으로 측정되는 시장의 총 유동성은 변하지 않는다.

14. *Curve*, https://curve.fi/.
15. 대체 가능한 재화임에도 불구하고 ETH는 ERC-20이 아니다. 이를 해결하기 위해 유니스왑을 비롯한 많은 플랫폼들은 대신 ERC-20으로 ETH를 감싼 버전인 WETH를 사용한다. 유니스왑은 사용자로 하여금 직접 ETH를 공급, 거래하고 막후에서 WETH로 전환시킬 수 있게 해준다.
16. https://github.com/bogatyy/bancor.
17. https://explore.flashbots.net/.
18. 이것이 스마트 계약 레벨 체크이다. 즉, 거래를 확정하기 전, 계약은 최초 공시 가격부터 유효 집행 가격까지의 총 슬리피지를 확인한다(언급된 프런트 러닝과 같이 다른 거래가 먼저 이루어진 경우 변경될 수 있다). 이 슬리피지가 사전에 정해진 사용자의 허용범위를 초과하면 모든 거래는 취소되고 계약은 이루어지지 않는다.
19. Andrey Shevchenko, "A New DeFi Exchange Says It Has Solved an Industry-Wide Problem," *Cointelegraph*, August 11, 2020, https://cointelegraph.com/news/a-new-defi-exchange-says-it-has-solved-an-industry-wide-problem.
20. *Sushiswap*, https://sushi.com/.
21. *Balancer*, Balancer Labs, https://balancer.finance/.
22. Balancer의 본딩 서피스(bonding surface)는 $V=\Pi_{t=0}^{n} B_t^{W^t}$ 이며 V는 (k와 유사한) 가치함수, n은 풀 내 자산의 개수, B는 풀 내 t 토큰의 잔고, W는 t 토큰의 표준화된 가중치이다. 다음을 참조. Fernando Martinelli, "Bonding Surfaces & Balancer Protocol," *Balancer*, October 4, 2019, https://medium.com/balancer-protocol/bonding-surfaces-balancer-protocol-ff6d3d05d577.
23. Uniswap, "Introducing Uniswap V3," *Uniswap*, March 23, 2021, https://uniswap.org/blog/uniswap-v3/.

24. Dan Robinson and Allan Niemerg. 2020. "The Yield Protocol: On-Chain Lending with Interest Rate Discovery," April [White paper], https://research.paradigm.xyz/Yield.pdf.
25. Martin Lundfall, Lucas Vogelsang, and Lev Livnev, Chai, chai.money, https://chai.money/.
26. *dYdX*, https://dydx.exchange/.
27. BTC-USD Perpetual은 온체인 방식으로 Binance, Bitfinex, Bitstamp, Bittrex, Coinbase, Pro, Gemini, Kraken 등의 암호화폐 거래소들의 비트코인 가격을 보고하는 오라클인 MakerDAO BTCUSD Oracle V2를 사용한다. 다음을 참조. Nick Sawinyh, "What Are Perpetual Contracts for Bitcoin? dYdX Perpetual Futures Explained," *defiprime.com*, July 7, 2020, https://defiprime.com/perpetual-dydx.
28. 디파이에서 각각의 프로토콜은 오직 사용자가 프로토콜과 상호작용을 할 때에만 잔고를 업데이트할 수 있다. Compound의 예에서, 이자율은 공급이 풀 안으로 들어오거나 풀 밖으로 나갈 때까지 고정되어 있으며, 이는 활용을 변화시킨다. 계약은 단순히 현재의 이자율과 잔고가 업데이트되었을 때의 최종 타임 스탬프를 추적한다. 신규 사용자가 빌리거나 공급할 때, 그 거래는 전체 시장의 이자율을 업데이트한다. 마찬가지로 dYdX의 조달금리는 매초 업데이트되지만, 이는 사용자가 포지션을 개설하거나, 종결할 때, 또는 수정할 때에만 적용된다. 계약은 금리 값과 선물이 개설되어 있던 시간에 기초하여 새로운 가치를 계산한다.
29. 이러한 상품은 미국 투자자에게는 허용되지 않는다.
30. *Synthetix*, https://www.synthetix.io/.
31. *Chainlink*, SmartContract Chainlink Ltd., 2021, https://chain.link/.
32. See Garth Travers, "All Synths Are Now Powered by Chainlink

Decentralised Oracles," *Synthetix*, September 1, 2020, https://blog.synthetix.io/all-synths-are-now-powered-by-chainlink-decentralised-oracles/.

33. Synthetix의 어떤 포지션에서도, 거래자들은 그들의 수익률이 풀의 수익률을 초과할 것이라고 효과적으로 베팅을 하고 있다. 예를 들어 sUSD만을 보유함으로써 거래자는 다른 모든 거래자의 Synthetix 포트폴리오의 전체 구성을 효과적으로 쇼트시키고 있으며, USD가 다른 모든 보유자산을 능가하기를 바란다. Synths가 이익을 내는 유일한 방법이기 때문에 거래자의 목표는 시장의 나머지 부분을 능가할 것으로 생각하는 Synths를 보유하는 것이다.
34. *Set Protocol*, Set, https://www.setprotocol.
35. *wBTC*, Wrapped Bitcoin, https://wbtc.network/.
36. 그러나 비트코인 변동성의 절대적인 수준은 S&P 500 또는 금과 같은 전통적 자산에 비해 여전히 매우 높다.

■ CHAPTER Ⅶ

1. Bloomberg, "How to Steal $500 Million in Cryptocurrency," *Fortune*, January 31, 2018, https://fortune.com/2018/01/31/coincheck-hack-how/.
2. Szabo, Nick. 1997. "Formalizing and Securing Relationships on Public Networks," *Satoshi Nakamoto Institute*, https://nakamotoinstitute.org/formalizing-securing-relationships/.
3. *dForce*, https://dforce.network/; *bZx*, bZeroX, 2021, https://bzx.network/; Andre Shevchenko, "DForce Hacker Returns Stolen Money as Criticism of the Project Continues," *Cointelegraph*, April 22, 2020, https://cointelegraph.com/news/

dforce-hacker-returns-stolen-money-as-criticism-of-the-project-continues; Adrian Zmudzinski, "Decentralized Lending Protocol bZx Hacked Twice in a Matter of Days," *Cointelegraph*, February 18, 2020, https://cointelegraph.com/news/decentralized-lending-protocol-bzx-hacked-twice-in-a-matter-of-days; *Quantstamp*, 2017–2020, https://quantstamp.com/; *Trail of Bits*, https://www.trailofbits.com/; *PeckShield*, 2018, https://blog.peckshield.com/.

4. Kyle J. Kistner, "Post-Mortem: Funds Are SAFU," *bZerox*, February 17, 2020, https://bzx.network/blog/postmortem-ethdenver.
5. Ethereum block 1428757.
6. Andrew Hayward and Robert Stevens, "Hackers Just Tapped China's dForce for $25 Million in Ethereum Exploit," *Decrypt*, April 19, 2020, https://decrypt.co/26033/dforce-lendfme-defi-hack-25m.
7. Michael McSweeney, "Yearn Finance Suffers Exploit, Says $2.8 Million Stolen by Attacker out of $11 Million Loss," *Block*, February 4, 2021, https://www.theblockcrypto.com/linked/93818/yearn-finance-dai-pool-defi-exploit-attack.
8. "Transaction Details," *Etherscan*, February 4, 2021, https://etherscan.io/tx/0x6dc268706818d1e6503739950abc5ba2211fc6b451e54244da7b1e226b12e027.
9. Ashwin Ramachandran and Haseeb Qureshi, "Decentralized Governance: Innovation or Imitation?" *Dragonfly Research*, August 5, 2020, https://medium.com/dragonfly-research/decentralized-governance-innovation-or-imitation-ad872f37b1ea.
10. *Automata*, https://automata.fi/.

11. True Seigniorage Dollar, "Twitter Status," March 13, 2021, https://twitter.com/trueseigniorage/status/1370956726489415683?lang=en.
12. *Augur*, PM Research LTD, 2020, https://augur.net/; *UMA*, Risk Labs, 2020, https://umaproject.org/.
13. *Provable*, Provable Things Limited, https://provable.xyz/; *Chainlink*, SmartContract Chainlink Ltd, 2021, https://chain.link/.
14. Ivan Bogatyy, "Implementing Ethereum Trading Front-Runs on the Bancor Exchange in Python," *Hackernoon*, August 17, 2017, https://hackernoon.com/front-running-bancor-in-150-lines-of-python-with-ethereum-api-d5e2bfd0d798; Kain Warwick, "Addressing Claims of Deleted Balances," *Synthetix*, September 16, 2019, https://blog.synthetix.io/addressing-claims-of-deleted-balances/.
15. Priyeshu Garg, "Chainlink Experiences 6-Hour Delay on ETH Price Feed," *Cryptobriefing*, March 13, 2020, https://cryptobriefing.com/chainlink-experiences-6-hour-delay-eth-price-feed/; Tom Schmidt, "Daos Ex Machina: An In-Depth Timeline of Maker's Recent Crisis," *Dragonfly Research*, March 24, 2020, https://medium.com/dragonfly-research/daos-ex-machina-an-in-depth-timeline-of-makers-recent-crisis-66d2ae39dd65.
16. *Polkadot*, Web3 Foundation, 2021, https://polkadot.network/; *Zilliqa*, Zilliqa Research Pte. Ltd., 2020, https://www.zilliqa.com/; *Algorand*, Algorand, 2021, https://www.algorand.com/.
17. *Solana*, Solana Foundation, https://solana.com/.
18. See https://docs.ethhub.io/ethereum-roadmap/ethereum-2.0/eth-2.0-phases/.

19. For more on this topic, see Haseeb Qureshi, "What Explains the Rise of AMMs?" *Dragonfly Research*, July 2020.

20. *Cap*, https://cap.eth.link/.

21. *Jump*, Jump Trading, LLC, 2021, https://www.jumptrading.com/; *Virtu*, VIRTU Financial, 2021, https://www.virtu.com/; *DRW*, DRW Holdings, LLC, 2021, https://drw.com/; *Jane Street*, https://www.janestreet.com/.

22. Nathaniel Popper, "Lost Passwords Lock Millionaires Out of Their Bitcoin Fortunes," *New York Times*, January 12, 2021, https://www.nytimes.com/2021/01/12/technology/bitcoin-passwords-wallets-fortunes.html.

23. "A Complete List of Cryptocurrency Exchange Hacks," *IDEX Blog*, last updated July 16, 2020, https://blog.idex.io/all-posts/a-complete-list-of-cryptocurrency-exchange-hacks-updated.

24. BitMEX, "Announcing the BitMEX User Verification Programme," *BitMEX*, August 14, 2020, https://blog.bitmex.com/announcing-the-bitmex-user-verification-programme/.

25. Nader Al-Naji, "Dear Basis Community," *Basis*, December 13, 2018, https://www.basis.io/.

26. Brady Dale, "Basis Stablecoin Confirms Shutdown, Blaming 'Regulatory Constraints,'" *Coindesk*, December 13, 2018, https://www.coindesk.com/basis-stablecoin-confirms-shutdown-blaming-regulatory-constraints.

27. https://basis.cash/.

28. "ICO Issuer Settles SEC Registration Charges, Agrees to Return Funds and Register Tokens as Securities," *U.S. Securities and Exchange Commission*, February 19, 2020, https://www.sec.gov/news/press-release/2020-37.

29. "Virtual Currency Business Activity," *Department of Financial Services, State of New York*, https://www.dfs.ny.gov/apps_and_licensing/virtual_currency_businesses.
30. https://www.irs.gov/pub/irs-dft/i1040gi--dft.pdf.
31. Bryan Hubbard, "Federally Chartered Banks and Thrifts May rovide Custody Services for Crypto Assets," *Office of the Comptroller of the Currency*, July 22, 2020, https://www.occ.gov/news-issuances/news-releases/2020/nr-occ-2020-98.html.

■ CHAPTER Ⅷ

1. *Dharma*, Dharma Labs, https://www.dharma.io/.

색인

Index

ㅇ

기타

송교직

연세대학교 사회학과 졸업 | Iowa State University, MBA | Louisiana State University, Ph.D. in Finance
University of Louisiana 교수(2003~2006)
성균관대 BK21 핀테크 인재양성 교육연구단, 단장(2020~현재)
성균관대 경영대학 교수(2006~현재, email: roysong@skku.edu)

안성필

부산대학교 경영학과 졸업 | Purdue University, MS in Finance | Purdue University, Ph.D. in Finance
Concordia University, Montreal, 교수(2001~2006) | National University of Singapore 교수(2006~2009)
서강대학교 경영대학 교수(2009~현재, email: spahn@sogang.ac.kr)

이동엽

서울대학교 전기공학부 졸업 | Columbia University, Ph.D. in Finance
한국재무학회 이사(2020~현재) | 한국증권학회지 편집위원(2021~현재) | 국민대학교 경영대학원 디지털금융 · 핀테크MBA 주임교수(2016~2019)
국민대학교 경영대학 재무금융회계학부 부교수(2015~현재, email: dlee@kookmin.ac.kr)

디파이와 금융의 미래

2022년 6월 10일 제1판 1쇄 인쇄
2022년 6월 15일 제1판 1쇄 발행

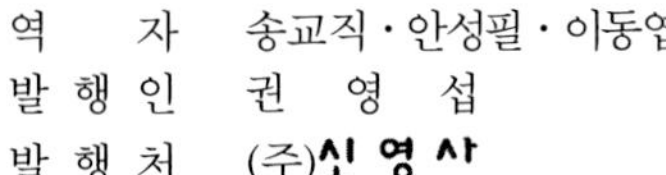
역 자 송교직 · 안성필 · 이동엽
발 행 인 권 영 섭
발 행 처 (주)신 영 사

경기도 파주시 심학산로 12(출판문화단지)
등 록 : 1988. 5. 2 / 제406-1988-000020호
전 화 : 031-946-2894(代)
F A X : 031-946-0799
e-mail : sys28945@naver.com
홈페이지 : http://www.shinyoungsa.co.kr

정가 **20,000**원 ISBN 978-89-5501-787-8